Basiswissen
Gesetzliche Schuldverhältnisse

2021

Claudia Haack
Rechtsanwältin und Repetitorin

Oliver Strauch
Rechtsanwalt und Repetitor

ALPMANN UND SCHMIDT Juristische Lehrgänge Verlagsges. mbH & Co. KG
48149 Münster, Alter Fischmarkt 8, 48001 Postfach 1169, Telefon (0251) 98109-0
AS-Online: www.alpmann-schmidt.de

Haack, Claudia
Strauch, Oliver

Basiswissen
Gesetzliche Schuldverhältnisse

7. Auflage 2021
ISBN: 978-3-86752-785–9

Verlag Alpmann und Schmidt Juristische Lehrgänge
Verlagsgesellschaft mbH & Co. KG, Münster

Unterstützen Sie uns bei der Weiterentwicklung unserer Produkte.
Wir freuen uns über Anregungen, Wünsche, Lob oder Kritik an:
feedback@alpmann-schmidt.de

1. Teil: Einführung

Als Schuldverhältnis wird eine Rechtsbeziehung zwischen zwei oder mehreren Personen bezeichnet, durch die eine Person (der Gläubiger) berechtigt ist, von der anderen Person (dem Schuldner) eine Leistung zu fordern, vgl. § 241 Abs. 1.

Schuldverhältnisse entstehen entweder **durch Rechtsgeschäft** oder **kraft Gesetzes**. Daneben können sich auch aus bestimmten geschäftlichen Kontakten sog. **„rechtsgeschäftsähnliche Schuldverhältnisse"** ergeben.

- **Rechtsgeschäftliche Schuldverhältnisse** entstehen gemäß § 311 Abs. 1 grundsätzlich durch Vertrag (z.B. Kaufvertrag, §§ 433 ff.) – also aufgrund übereinstimmender Willenserklärungen (mindestens) zweier Parteien, ausnahmsweise durch einseitiges Rechtsgeschäft (z.B. Auslobung, § 657) – also aufgrund lediglich einer Willenserklärung.
- **Rechtsgeschäftsähnliche Schuldverhältnisse** kommen gemäß § 311 Abs. 2 bereits durch die Aufnahme von Vertragsverhandlungen, die Anbahnung eines Vertrags oder ähnliche geschäftliche Kontakte zustande und können nach § 311 Abs. 3 auch zu Dritten bestehen, mit denen der Vertrag gar nicht geschlossen werden soll. Die rechtsgeschäftsähnlichen Schuldverhältnisse sind an sich als gesetzliche Schuldverhältnisse einzuordnen, sie sind jedoch den rechtsgeschäftlichen Schuldverhältnissen weitgehend gleichgestellt.
- **Gesetzliche Schuldverhältnisse** entstehen unabhängig vom Willen der Parteien aufgrund einer gesetzlichen Anordnung.

!

Der wesentliche Unterschied zwischen rechtsgeschäftlichen und gesetzlichen Schuldverhältnissen besteht darin, dass die Entstehung eines gesetzlichen Schuldverhältnisses nicht von einem Willen abhängig ist, eine bestimmte Rechtsfolge herbeiführen zu wollen.

Mit diesem Skript geben wir Ihnen einen Überblick über die wichtigsten gesetzlichen Schuldverhältnisse:

- Geschäftsführung ohne Auftrag, §§ 677 ff.
- Ungerechtfertigte Bereicherung, §§ 812 ff.
- Unerlaubte Handlungen, §§ 823 ff.

Weitere gesetzliche Schuldverhältnisse sind z.B.:

- EBV, §§ 987 ff.
- Einbringung von Sachen bei Gastwirten, §§ 701 ff.
- Fund, §§ 965 ff.

2. Teil: Geschäftsführung ohne Auftrag, §§ 677 ff.

1. Abschnitt: Einführung zur Geschäftsführung ohne Auftrag

A. Bedeutung und Funktion der §§ 677 ff.

Die Vorschriften über die Geschäftsführung ohne Auftrag (GoA) in den §§ 677 ff. regeln, welche Folgen sich für die Beteiligten ergeben, wenn jemand ohne vertragliche Absprache oder sonstige Legitimation die Belange eines anderen wahrnimmt.

§§ 677 ff. sollen die kollidierenden Interessen von Geschäftsführer und Geschäftsherrn zu einem gerechten Ausgleich bringen.

Eine derartige Regelung ist wegen der möglichen Interessenkollision zwischen den Beteiligten geboten:

- Derjenige, der für einen anderen dessen Angelegenheiten erledigt hat, der sog. Geschäftsführer, möchte seine Aufwendungen, die er bei der Geschäftsbesorgung zugunsten des anderen getätigt hat, von diesem ersetzt haben.
- Derjenige, in dessen Angelegenheiten der Geschäftsführer tätig geworden ist, der sog. Geschäftsherr, wird – und muss – die Aufwendungen des Geschäftsführers ersetzen, wenn er sowohl mit der Tatsache, dass der Geschäftsführer in seinem Bereich gehandelt hat, als auch mit der Art und Weise, wie dieser die Angelegenheit erledigt hat, einverstanden ist.

  Beispiel: A befindet sich im Urlaub. Nachbar N, der mit A im gleichen Haus wohnt, nimmt – ohne von A beauftragt zu sein – ein von A bestelltes Paket entgegen und legt die Paketgebühr i.H.v. 5 € aus. Nachdem A aus dem Urlaub zurückgekehrt ist, händigt ihm N das Paket aus und verlangt von ihm den verauslagten Betrag i.H.v. 5 € ersetzt.

  In diesem Fall war es A durchaus recht, dass N das Paket für ihn auch ohne Auftrag entgegengenommen hat. Die Annahme des Pakets und dessen Verwahrung durch N entsprach dem Interesse und dem mutmaßlichen Willen des A. Daher kann N von A Ersatz seiner Auslagen i.H.v. 5 € „wie ein Beauftragter" gemäß §§ 677, 683 S. 1, 670 verlangen.

- Es kann aber auch Fallkonstellationen geben, in denen der Geschäftsherr entweder eine Einmischung in seine Angelegenheiten überhaupt nicht wollte oder er mit der Art und Weise, wie der Geschäftsführer tätig geworden ist, nicht einverstanden ist. In diesen Fällen wird er sich zum einen weigern, dem Geschäftsführer dessen Aufwendungen zu ersetzen, zum anderen wird er gegebenenfalls sogar vom Geschäftsführer Schadensersatz verlangen.

Beispiel: Angenommen im obigen Beispiel hätte A das Paket nicht bestellt und er kann mit dem Inhalt auch nichts anfangen.

A war es nicht recht, dass N das Paket für ihn auch ohne Auftrag entgegengenommen hat. Die Annahme des Pakets und dessen Verwahrung durch N entsprach nicht dem Interesse und dem mutmaßlichen Willen des A. Daher kann N von A in diesem Fall nicht Ersatz seiner Auslagen gemäß §§ 677, 683 S. 1, 670 verlangen.

Ein Anspruch aus § 684 S. 1 i.V.m. §§ 812 ff. scheidet ebenfalls aus, da A durch die Geschäftsführung des N nichts erlangt hat – insbesondere hat er keine eigenen Aufwendungen erspart. Folglich kann N von A keinen Ersatz der ausgelegten Paketgebühr verlangen.

Beachte: *Dass N bei der Geschäftsbesorgung für A glaubte, sein Handeln entspreche dem Interesse und Willen des A, ändert an diesem Ergebnis nichts. Wer sich in fremde Angelegenheiten einmischt, handelt immer mit dem Risiko, dass er den Willen des Geschäftsherrn falsch einschätzt und deswegen evtl. die Aufwendungen, die er getätigt hat, nicht ersetzt erhält.* !

B. Arten der GoA

Nach dem Gesetz kann man die GoA in **vier Fallgruppen** aufteilen. Dabei ist zunächst zwischen der echten und der unechten GoA zu unterscheiden:

- Eine sog. **echte GoA** liegt vor, wenn die Voraussetzungen des § 677 (Geschäftsbesorgung – für einen anderen – ohne Auftrag oder sonstige Berechtigung) gegeben sind.
- Eine **unechte GoA** ist gemäß § 687 gegeben, wenn der Geschäftsführer keine Kenntnis von der Fremdheit des Geschäfts hat (irrtümliche Eigengeschäftsführung, § 687 Abs. 1) oder wenn dem Geschäftsführer der Fremdgeschäftsführungswille fehlt (angemaßte Eigengeschäftsführung, § 687 Abs. 2).

  Das Unterscheidungsmerkmal zwischen der echten und der unechten GoA ist der Fremdgeschäftsführungswille! !

Die echte GoA wird wiederum in die berechtigte GoA und die unberechtigte GoA unterteilt:

- Eine (echte) **berechtigte GoA** setzt voraus, dass neben den Voraussetzungen des § 677 auch die Voraussetzungen des § 683 S. 1 gegeben sind. D.h., die Übernahme des Geschäfts muss dem Interesse und dem Willen des Geschäftsherrn entsprechen.
- Entspricht die Übernahme des Geschäfts nicht dem Interesse und/oder dem Willen des Geschäftsherrn liegt eine (echte) **unberechtigte GoA** i.S.v. § 677 i.V.m. § 684 vor.

! *Das Unterscheidungsmerkmal zwischen der berechtigten und der unberechtigten GoA ist das Interesse und der Wille des Geschäftsherrn bzgl. der Übernahme der Geschäftsführung!*

2. Abschnitt: Die (echte) berechtigte GoA

Aufbauschema: (echte) berechtigte GoA

A. Voraussetzungen

I. Voraussetzungen des § 677

1. Geschäftsbesorgung

2. Für einen anderen

a) Fremdes Geschäft

b) Kenntnis von der Fremdheit (Fremdgeschäftsführungsbewusstsein)

c) Fremdgeschäftsführungswille

3. Ohne Auftrag oder sonstige Berechtigung

II. Voraussetzungen des § 683 S. 1

1. Übernahme der Geschäftsführung entspricht dem Willen des Geschäftsherrn

2. Übernahme der Geschäftsführung entspricht dem Interesse des Geschäftsherrn

B. Rechtsfolge

I. Anspruch des Geschäftsführers auf Aufwendungsersatz gemäß §§ 677, 683 S. 1, 670

II. Ansprüche des Geschäftsherrn

1. § 677: Ausführung nach Interesse und Willen des Geschäftsherrn

2. § 681 S. 1: Anzeigepflicht

3. § 681 S. 2 i.V.m. §§ 666–668: Auskunft, Herausgabe des Erlangten, Verzinsung

4. § 280 Abs. 1: Schadensersatz wegen Pflichtverletzung bei Durchführung der GoA

A. Voraussetzungen der (echten) berechtigten GoA

Damit eine (echte) berechtigte GoA vorliegt, müssen sowohl die Voraussetzungen des § 677 als auch die des § 683 S. 1 gegeben sein.

I. Voraussetzungen des § 677

§ 677 verlangt eine Geschäftsbesorgung (1.) für einen anderen (2.) ohne Auftrag oder sonstige Berechtigung (3.).

Liegen die Voraussetzungen des § 677 vor, ist eine echte GoA gegeben.

1. Geschäftsbesorgung

Unter einer Geschäftsbesorgung i.S.v. § 677 versteht man jedes Handeln mit wirtschaftlichen Folgen. Erfasst ist jede Tätigkeit, die für einen anderen erledigt werden kann – also nicht nur rechtsgeschäftliches, sondern auch rein tatsächliches Handeln. Erforderlich ist aber in jedem Fall eine Tätigkeit, bloßes Unterlassen, Dulden oder Gewährenlassen genügt nicht.

Beispiele: Abschluss eines Werkvertrags, um das zerbrochene Fenster im Haus des verreisten Nachbarn ersetzen zu lassen; Ausweichmanöver im Straßenverkehr, um den Radfahrer R nicht zu verletzen; Löschen eines Brandes, der in der Nachbarwohnung ausgebrochen ist.

Klausurtipp: *In einer Klausur sollte die rechtliche oder tatsächliche Handlung immer* ***konkret*** *benannt werden.*

!

2. Für einen anderen

Die Geschäftsbesorgung muss „für einen anderen“ erfolgt sein. Dies verlangt in objektiver Hinsicht ein fremdes Geschäft und subjektiv ist erforderlich, dass der Geschäftsführer zum einen gewusst hat, dass er ein fremdes Geschäft führt (Kenntnis von der Fremdheit – Fremdgeschäftsführungsbewusstsein) und er muss zum anderen auch den Willen gehabt haben, das Geschäft als fremdes zu führen (Fremdgeschäftsführungswille).

a) Fremdes Geschäft

Fremd ist ein Geschäft, wenn es zum Interessen- und Pflichtenkreis einer anderen Person gehört. Man unterscheidet drei Arten von fremden Geschäften:

- **Objektiv fremdes Geschäft:** Das Geschäft gehört objektiv zum Interessen- und Pflichtenkreis eines anderen. D.h., das Geschäft

Objektiv fremdes Geschäft = ausschließlich fremdes Geschäft

gehört bereits nach seinem Gegenstand und äußeren Erscheinungsbild nicht zum Rechtskreis des Geschäftsführers.

Beispiele: A kommt an einer Unfallstelle vorbei und leistet dem Verletzten V Hilfe; F tilgt die Darlehensschuld seines Freundes B gegenüber der Bank.

Auch fremdes Geschäft = Handeln im Doppelinteresse

- **Auch fremdes Geschäft:** Das Geschäft gehört sowohl zum Interessen- und Pflichtenkreis eines anderen als auch zum Interessen- und Pflichtenkreis des Geschäftsführers. D.h., der Geschäftsführer handelt in diesem Fall im Doppelinteresse, da er sowohl seine eigene Angelegenheit als auch die eines anderen erledigt.

Beispiel: Mieter M hat eine brennende Kerze zu nah an die Gardinen gestellt, sodass ein Brand ausgebrochen ist. Er löscht den Brand mithilfe seines Feuerlöschers.

M handelt in diesem Fall sowohl, um seine eigenen Sachen vor der Zerstörung durch das Feuer zu retten – also im eigenen Interessen- und Pflichtenkreis –, als auch, um das Haus des Vermieters vor einer Zerstörung zu bewahren – also im fremden Interessen- und Pflichtenkreis.

§ 677 verlangt nicht, dass das Geschäft **nur** für einen anderen vorgenommen wird!

Da § 677 lediglich ein fremdes Geschäft verlangt, ist nicht erforderlich, dass es sich um ein ausschließlich fremdes Geschäft handelt, sondern es darf nur nicht ausschließlich eine eigene Angelegenheit des Geschäftsführers sein. Infolgedessen reicht das auch fremde Geschäft für § 677 aus.

!

***Beachte:** Auch in Fällen des objektiv fremden Geschäfts verfolgt der Handelnde mit seiner Tätigkeit oftmals ein eigenes Interesse – so tilgt F eventuell die Schuld seines Freundes B nur deswegen, weil er sich davon verspricht, dass dieser ihm dann künftig auch helfen wird, wenn er sich in Schwierigkeiten befindet. Dass der Geschäftsführer nicht vollkommen selbstlos handelt, sondern evtl. eigene Interessen vor Augen hat, macht das Geschäft aber nicht zum auch fremden Geschäft, da es nicht zum Pflichtenkreis des Geschäftsführers gehört.*

Subjektiv fremdes Geschäft = **objektiv neutrales Geschäft**, das Fremdcharakter durch nach außen erkennbaren Fremdgeschäftsführungswillen erhält

- **Subjektiv fremdes Geschäft:** Das Geschäft hat keinen objektiven Bezug zu dem Interessen- und Pflichtenkreis eines anderen, wird aber nach der erkennbaren Bestimmung des Geschäftsführers für einen anderen vorgenommen. Dieses objektiv neutrale Geschäft wird also zu einem subjektiv fremden Geschäft, wenn der Geschäftsführer den Willen hat, das Geschäft für einen anderen zu führen, und er diesen Fremdgeschäftsführungswillen im Zeitpunkt der Geschäftsvornahme nach außen erkennbar gemacht hat.

Beispiel: A erwirbt auf dem Flohmarkt eine alte Schreibmaschine bei V. Bei den Verhandlungen über den Preis erklärt A, er kaufe das Gerät für seinen Freund F, der leidenschaftlicher Sammler alter Schreibmaschinen sei.

Der Kauf einer Schreibmaschine ist ein objektiv neutrales Geschäft. A hat jedoch bei dem Ankauf den Willen gehabt, für F zu handeln, und er hat diesen Fremdgeschäftsführungswillen durch seine Äußerung gegenüber V auch nach außen deutlich gemacht. Daher liegt ein subjektiv fremdes Geschäft vor.

b) Fremdgeschäftsführungsbewusstsein

Kenntnis von der Fremdheit = Fremdgeschäftsführungsbewusstsein

Der Geschäftsführer muss nicht nur objektiv ein fremdes Geschäft führen, sondern er muss auch wissen, dass er ein fremdes Geschäft führt (Fremdgeschäftsführungsbewusstsein).

!

Diese Voraussetzung ergibt sich zwar nicht aus dem Wortlaut des § 677, folgt aber aus einem Umkehrschluss aus § 687 Abs. 1. Danach finden die §§ 677–686 keine Anwendung, wenn jemand ein fremdes Geschäft in der Meinung besorgt, dass es sein eigenes sei (irrtümliche Eigengeschäftsführung).

Weiß der Geschäftsführer, dass er ein fremdes Geschäft führt, irrt sich aber über die Person des Geschäftsherrn, ist die erforderliche Kenntnis von der Fremdheit gegeben und es wird gemäß § 686 der wirkliche Geschäftsherr aus der Geschäftsführung berechtigt und verpflichtet.

Beispiel: Mieter A löscht in einer benachbarten Wohnung einen Brand. Dabei glaubt er, es handele sich um die Wohnung der jungen Frau, die er vorgestern in diese Wohnung gehen sah. In Wirklichkeit handelt es sich um die Wohnung der Großmutter der Frau.

A weiß beim Löschen des Brandes, dass er in einer fremden Wohnung tätig wird und somit ein fremdes Geschäft führt. Dass er sich dabei darüber geirrt hat, für wen er tätig geworden ist, ist gemäß § 686 unerheblich. Folglich wird die Großmutter als Wohnungsinhaberin aus der Geschäftsführung des A berechtigt und verpflichtet.

c) Fremdgeschäftsführungswille

Der Geschäftsführer muss zudem noch den Willen haben, das Geschäft für einen anderen zu tätigen (Fremdgeschäftsführungswille).

!

Diese Voraussetzung ergibt sich auch nicht aus dem Wortlaut des § 677, folgt aber aus einem Umkehrschluss aus § 687 Abs. 2. Danach finden die GoA-Vorschriften nur eingeschränkt und auch nur auf Verlangen des Geschäftsherrn Anwendung, wenn jemand ein fremdes Geschäft als sein eigenes führt, obwohl er weiß, dass er nicht dazu be-

rechtigt ist (angemaßte Eigengeschäftsführung). Daraus lässt sich der Schluss ziehen, dass die §§ 677 ff. nur dann uneingeschränkt Anwendung finden, wenn der Geschäftsführer nicht nur weiß, dass er ein fremdes Geschäft führt, sondern er es auch als fremdes Geschäft führen will.

Der Fremdgeschäftsführungswille muss im Zeitpunkt der Geschäftsbesorgung vorliegen. Handelt es sich bei dem Geschäftsführer um eine juristische Person, so hängt der Fremdgeschäftsführungswille vom Willen der Mitglieder des geschäftsführenden Organs ab.

Bei der Feststellung des Fremdgeschäftsführungswillens ist zwischen objektiv fremden, subjektiv fremden und auch fremden Geschäften zu differenzieren:

- Bei einem **objektiv fremden Geschäft** wird der **Fremdgeschäftsführungswille (widerleglich) vermutet**. Diese Vermutung stützt sich auf die Rechtsnatur des Geschäfts und die Lebenserfahrung: Wer in Kenntnis der Fremdheit ausschließlich im Interessen- und Pflichtenkreis eines anderen tätig wird, will das Geschäft in der Regel auch für den anderen führen.

Beim subjektiv fremden Geschäft fehlt es an Anhaltspunkten, die eine Vermutung des Fremdgeschäftsführungswillens erlauben würden.

- Bei einem **subjektiv fremden Geschäft** wird der Fremdgeschäftsführungswille nicht vermutet, sondern er **muss nach außen erkennbar in Erscheinung getreten** sein. Die Beweislast dafür, dass der Fremdgeschäftsführungswille zur Zeit der Geschäftsbesorgung vorgelegen hat, trägt der Geschäftsführer.
- Bei einem **auch fremden Geschäft** ist **umstritten**, wie der Fremdgeschäftsführungswille festzustellen ist:
  - Nach h.M. und Rspr. wird allein aufgrund des Umstandes, dass auch ein objektiv fremdes Geschäft vorgenommen worden ist, wie beim objektiv fremden Geschäft der Fremdgeschäftsführungswille vermutet.
  - Nach der Gegenansicht spricht bei Vornahme eines auch eigenen Geschäfts eine Vermutung dafür, dass der Handelnde ausschließlich mit Eigengeschäftsführungswillen tätig geworden ist. Ein Fremdgeschäftsführungswille könne nur bei Vorliegen konkreter Anhaltspunkte angenommen werden.
  - Eine dritte Auffassung ermittelt bei einem auch fremden Geschäft den Fremdgeschäftsführungswillen aufgrund einer wertenden Betrachtungsweise. Handelt es sich um ein Ge-

schäft, dessen Erledigung in erster Linie einem Dritten obliegt und wird der Handelnde in Kenntnis dieser Letztverantwortlichkeit des Dritten tätig, so wird der Fremdgeschäftsführungswille vermutet; in den übrigen Fällen ist er konkret nachzuweisen.

Klausurtipp: *Damit man sich weitere Ausführungen zur GoA nicht abschneidet, sollte man diesen Meinungsstreit – wenn eine Streitentscheidung erforderlich ist – zugunsten der h.M. entscheiden.*
Gegen die zweite und dritte Ansicht kann man anführen, dass sie in Fällen des auch fremden Geschäfts verhindern, dass der durch die GoA-Regeln angestrebte angemessene Interessenausgleich erreicht wird.

!

Aufbauhinweis: *Die Kenntnis von der Fremdheit und der Wille, das Geschäft als fremdes zu führen, wird von vielen Autoren als ein Prüfungspunkt unter dem Stichwort „Fremdgeschäftsführungswille" dargestellt. Da es sich allerdings um zwei subjektive Voraussetzungen handelt, deren Fehlen auch unterschiedliche Konsequenzen nach sich zieht, vgl. § 687 Abs. 1 und 2, sollte man in einer Klausur zwischen den beiden Prüfungspunkten deutlich differenzieren, um mögliche Fehler zu vermeiden.*

!

3. Ohne Auftrag oder sonstige Berechtigung

Der Geschäftsführer muss ohne Auftrag des Geschäftsherrn oder sonstige Berechtigung gegenüber dem Geschäftsherrn gehandelt haben.

- **Ohne Auftrag** handelt, wer dem Geschäftsherrn weder aus Vertrag noch kraft Gesetzes verpflichtet ist.

  Beispiel: A repariert die Uhr des B aufgrund eines mit diesem abgeschlossenen Werkvertrages.

  Zwar besorgt A mit der Uhrenreparatur bewusst und gewollt ein Geschäft für B, er handelt dabei jedoch aufgrund des abgeschlossenen Werkvertrages nicht ohne Auftrag, sodass die Regeln der GoA nicht einschlägig sind. Die Rechtsbeziehung zwischen A und B wird vielmehr über die werkvertraglichen Regeln gemäß §§ 631 ff. geklärt.

§§ 677 ff. scheiden jedoch nur aus, wenn zwischen Geschäftsführer und Geschäftsherrn bzgl. der vom Geschäftsführer vorgenommenen Geschäftsbesorgung ein Schuldverhältnis vorliegt!

- Eine **sonstige Berechtigung** kann sich aus einer familienrechtlichen Beziehung (z.B. Eltern gegenüber ihren Kindern) oder aus einer Amts- bzw. Organstellung (z.B. Organ einer juristischen Person) ergeben.

! ***Beachte:*** *Die allgemeine Hilfeleistungspflicht gemäß § 323 c StGB reicht für eine sonstige Berechtigung i.S.v. § 677 nicht aus, da diese Regelung keine Sonderbeziehung zwischen Geschäftsführer und Geschäftsherrn begründet, sondern die Allgemeinheit betrifft.*

II. Voraussetzungen des § 683 S. 1

§ 683 S. 1 verlangt, dass die Übernahme der Geschäftsführung dem Interesse und dem wirklichen oder mutmaßlichen Willen des Geschäftsherrn entspricht.

Übernahme der Geschäftsführung = Beginn der Geschäftsführung

! ***Beachte:*** *§ 683 S. 1 stellt auf die Übernahme, also den Beginn der Ausführung, ab und nicht auf die Art und Weise der Durchführung. Zu prüfen ist daher, ob es dem Interesse und Willen des Geschäftsherrn entspricht, dass der Geschäftsführer überhaupt tätig wird und nicht wie.*

1. Interesse des Geschäftsherrn

Die Übernahme der Geschäftsführung entspricht dem Interesse des Geschäftsherrn, wenn sie für ihn objektiv nützlich ist, sich also vorteilhaft auswirkt. Maßgeblicher Beurteilungszeitpunkt ist dabei die Übernahme, d.h. der Beginn der Geschäftsführung. Nicht nützlich sind unsachgemäße oder überflüssige Maßnahmen.

Beispiel: A versucht, einen Brand, der in der Wohnung des B ausgebrochen ist, zu löschen. Da sich in der Nähe des Brandherdes zahlreiche Zeitungen befinden, breiten sich die Flammen rasant aus und A muss seinen Rettungsversuch abbrechen. Infolgedessen brennt die Wohnung des B total aus.

Zwar war der Rettungsversuch des A letztlich erfolglos, da er den Brand nicht löschen konnte. Dies stand jedoch zu Beginn der Löschaktion des A nicht fest – sie hätte auch zum Erfolg führen können. Daher war es für B objektiv nützlich, dass A überhaupt versucht hat, die Flammen zu bekämpfen, sodass die Übernahme der Geschäftsführung dem Interesse des B entsprochen hat.

2. Wille des Geschäftsherrn

Ist der Geschäftsherr nicht voll geschäftsfähig, so kommt es auf den Willen des gesetzlichen Vertreters an.

Die Übernahme der Geschäftsführung entspricht dem Willen des Geschäftsherrn, wenn

- der Geschäftsherr ausdrücklich oder konkludent damit einverstanden war (wirklicher Wille) oder
- der Geschäftsherr bei objektiver Beurteilung aller Umstände damit einverstanden gewesen wäre, wenn er bei Übernahme des Geschäfts gefragt worden wäre (mutmaßlicher Wille).

Vorrangig ist auf den wirklichen Willen des Geschäftsherrn zum Zeitpunkt der Übernahme der Geschäftsführung abzustellen. Hat der Geschäftsherr seinen Willen in irgendeiner Form tatsächlich geäußert, ist dieser maßgeblich, auch wenn er unvernünftig erscheint. Unerheblich ist auch, ob der Geschäftsführer den Willen des Geschäftsherrn kannte.

!

Beispiel: A will seinem Freund F einen Gefallen erweisen und repariert heimlich dessen Fahrrad, das beim letzten Kneipenbummel der beiden Freunde nach einer kleinen Kollision mit dem Bordstein eine Acht im Hinterrad hatte. F hatte das Fahrrad jedoch nach Absprache mit seiner Frau bewusst nicht repariert, da sich die Eheleute gemeinsam ein Tandem anschaffen wollen.

Die Fahrradreparatur war für F objektiv nützlich und entsprach daher seinem Interesse. F hatte jedoch zuvor gegenüber seiner Frau den Willen geäußert, das Fahrrad nicht mehr reparieren zu wollen. Infolgedessen entsprach die Übernahme der Geschäftsführung nicht dem Willen des F.

Dass dieser Wille zum einen unvernünftig erscheint, da das Fahrrad noch reparaturfähig war und es sinnvoll sein kann, neben einem Tandem ein funktionsfähiges Fahrrad zu besitzen, und zum anderen dieser entgegenstehende Wille des F dem A bei Beginn der Reparatur nicht bekannt war, ist vollkommen unerheblich. Der Geschäftsführer mischt sich in die Angelegenheiten des Geschäftsherrn, der grundsätzlich selbst darüber entscheiden kann, ob und wie er seine Angelegenheiten regelt, ein und handelt daher immer mit dem Risiko, den Willen des Geschäftsherrn falsch einzuschätzen.

Unbeachtlich ist der entgegenstehende Wille des Geschäftsherrn gemäß § 679 nur, wenn der Geschäftsherr die vom Geschäftsführer wahrgenommene Aufgabe im öffentlichen Interesse hätte erfüllen müssen oder eine gesetzliche Unterhaltspflicht des Geschäftsherrn ansonsten nicht erfüllt worden wäre.

Nach h.M. ist der entgegenstehende Wille des Selbstmörders unbeachtlich. Zur Begründung wird teilweise auf § 679 analog, zum Teil aber auch auf §§ 323 c, 13 StGB abgestellt.

Beispiele: Gesetzliche Unterhaltspflicht zwischen Ehegatten gemäß §§ 1360 ff. oder zwischen Verwandten gemäß §§ 1601 ff.

Kann der wirkliche Wille des Geschäftsherrn nicht festgestellt werden, so ist sein mutmaßlicher Wille zu ermitteln. Das ist der Wille, den der Geschäftsherr bei objektiver Beurteilung aller Umstände geäußert hätte, wenn er bei Geschäftsübernahme gefragt worden wäre. Dabei gilt der Grundsatz, dass ein objektiv nützliches Geschäft in der Regel auch dem mutmaßlichen Willen des Geschäftsherrn entspricht.

Beachte: *Nach dem Wortlaut des § 683 S. 1 muss die Übernahme der Geschäftsführung sowohl dem Interesse als auch dem Willen des Geschäftsherrn entsprechen. Nach h.M. ist es aber auch ausreichend, wenn die Geschäftsübernahme zwar nicht dem Interesse, aber dem wirklichen Willen des Geschäftsherrn entspricht, da in diesem Fall keine unerwünschte Einmischung seitens des Geschäftsführers vorliegt.*

Vorrang des individuellen Willens des Geschäftsherrn!

!

Beispiel: A, der glühender Schalke-Fan ist, möchte unbedingt – koste es, was es wolle – beim nächsten Heimspiel seines Teams dabei sein. Offiziell ist das Spiel allerdings ausverkauft. Freund F, der von dem Wunsch des A weiß, besorgt für A bei ebay eine Eintrittskarte, die allerdings den doppelten Preis kostet.

Eine derart überteuerte Karte zu erwerben, ist – objektiv beurteilt – nicht nützlich und entspricht daher nicht dem Interesse des A. Da A allerdings auf jeden Fall und unabhängig von den damit verbundenen Kosten bei dem Spiel dabei sein wollte, entsprach es dem wirklichen Willen des A, dass F für ihn die überteuerte Karte erworben hat. Da A dem F auch einen Auftrag über ein derartiges Geschäft hätte erteilen können, entspricht es dem Grundsatz der Privatautonomie, auch in diesem Fall eine berechtigte GoA gemäß § 683 S. 1 anzunehmen.

Durch Genehmigung seitens des Geschäftsherrn wird die unberechtigte GoA zur berechtigten GoA.

Liegen die Voraussetzungen des § 683 S. 1 nicht vor, ist an sich eine unberechtigte GoA gegeben. Der Geschäftsherr kann diese jedoch genehmigen mit der Folge, dass sie von Anfang an als berechtigte GoA anzusehen ist, vgl. § 684 S. 2. Von einer konkludenten Genehmigung ist auszugehen, wenn der Geschäftsherr vom Geschäftsführer das herausverlangt, was dieser aus der Geschäftsführung erlangt hat.

Beispiel: Im obigen Beispiel war Freund F fälschlicherweise davon ausgegangen, dass A auf jeden Fall beim nächsten Heimspiel von Schalke dabei sein wollte und hatte für A die überteuerte Karte bei ebay erworben.

Die Übernahme der Geschäftsführung durch F entspricht weder dem Interesse noch dem Willen des A, sodass die Voraussetzungen des § 683 S. 1 nicht vorliegen und daher eine unberechtigte GoA gegeben ist. Verlangt jedoch der A nunmehr von F die erworbene Eintrittskarte heraus, liegt darin eine konkludente Genehmigung i.S.v. § 684 S. 2, sodass die Geschäftsführung des F von Anfang an als berechtigte GoA anzusehen ist.

B. Rechtsfolgen der (echten) berechtigten GoA

Liegen die Voraussetzungen einer (echten) berechtigten GoA gemäß §§ 677, 683 S. 1 vor, so resultieren daraus sowohl Ansprüche des Geschäftsführers gegen den Geschäftsherrn als auch Ansprüche des Geschäftsherrn gegen den Geschäftsführer.

I. Ansprüche des Geschäftsführers gegen den Geschäftsherrn bei berechtigter GoA

Der Geschäftsführer kann gemäß §§ 677, 683 S. 1, 670 „wie ein Beauftragter" Ersatz seiner Aufwendungen verlangen, die er zur Ausführung des Auftrags für erforderlich halten durfte.

- Unter Aufwendungen sind freiwillige Vermögensopfer zu verstehen. „Für erforderlich halten" darf der Geschäftsführer diejenigen Aufwendungen, die er nach pflichtgemäßem Ermessen für notwendig und angemessen hält.

Beispiel: N bemerkt eines Morgens eine zerbrochene Glasscheibe im Haus seines Nachbarn A, welcher sich im Urlaub befindet. N beauftragt im eigenen Namen den Glasermeister G mit der Reparatur.

N durfte nach pflichtgemäßem Ermessen die Anschaffung einer neuen Scheibe für erforderlich halten, da anderenfalls für A eventuell schwere Nachteile entstanden wären: Diebe hätten durch das offene Fenster ins Haus gelangen können oder es hätte Verwüstungen durch Regen oder Sturm geben können.

N kann daher von A gemäß §§ 677, 683 S. 1, 670 Ersatz des von ihm verauslagten Geldbetrages als Aufwendungsersatz verlangen, wenn er die Rechnung des G bezahlt hat. Sollte er die Rechnung noch nicht bezahlt haben, kann er von A verlangen, dass dieser an seiner Stelle die Rechnung bezahlt (§§ 677, 683 S. 1, 670, 257).

Ohne Bedeutung ist, ob die Aufwendungen ihren Zweck erreicht haben („für erforderlich halten"). § 683 S. 1 umfasst daher auch den Ersatz (nicht ersichtlich) nutzloser Aufwendungen, wenn der Geschäftsführer sie für erforderlich halten durfte.

!

- Streitig ist, ob der Geschäftsführer im Rahmen des Aufwendungsersatzes auch eine **Tätigkeitsvergütung** verlangen kann. Um zu verhindern, dass die GoA als eine Art „Arbeitsbeschaffungsmaßnahme" missbraucht wird, gewährt die h.M. dem Geschäftsführer nur dann eine Tätigkeitsvergütung, wenn er im Rahmen der GoA eine Tätigkeit ausgeübt hat, die auch sonst zu seinem Beruf oder Gewerbe gehört, § 1835 Abs. 3 analog.

Nach a.A. kommt es lediglich darauf an, ob die Leistung des Geschäftsführers grundsätzlich nur gegen Entgelt zu erhalten ist.

Beispiel: Arzt A kommt zufällig an einen Unfallort und versorgt das Unfallopfer O.

Da A im Rahmen dieser Geschäftsführung eine Tätigkeit ausgeübt hat, die auch sonst zu seiner beruflichen Tätigkeit gehört, erhält A von O gemäß §§ 677, 683 S. 1, 670 nicht nur den Sachaufwand (z.B. Verbandsmaterial) ersetzt, sondern auch eine Vergütung für die aufgewendete Arbeitszeit (Rechtsgedanke des § 1835 Abs. 3 analog).

- Ferner erhält der Geschäftsführer nach allgemeiner Ansicht gemäß §§ 677, 683 S. 1, 670 (analog) auch sog. **risikotypische Schäden** ersetzt. Dabei handelt es sich um Schäden – also unfreiwillige Vermögenseinbußen –, in denen sich das typische Risiko der Geschäftsführung und nicht lediglich das allgemeine Lebensrisiko des Geschäftsführers verwirklicht. Begründet wird der Ersatz risikotypischer Schäden im Rahmen des Aufwendungsersatzes der GoA zum einen damit, dass der Geschäftsführer das mit der Geschäftsführung verbundene Schadensri-

Zum Ersatz risikotypischer Schäden gemäß §§ 677, 683 S. 1, 670 (analog) gehört ggf. auch die Zahlung eines angemessenen Schmerzensgeldes gemäß § 253 Abs. 2.

siko freiwillig auf sich genommen hat, sodass eine gewisse Vergleichbarkeit zu den Aufwendungen als freiwillige Vermögensopfer besteht. Zum anderen möchte die Rspr. jedermann dazu motivieren, sich für die Interessen Dritter einzusetzen (rechtspolitisches Argument) – und die Bereitschaft wird nicht so ausgeprägt sein, wenn man Schäden, die man bei der Geschäftsführung für einen anderen erleidet, selbst tragen muss.

Beispiel: Im obigen Beispiel hat der Arzt das Unfallopfer O mit seinem Auto ins Krankenhaus transportiert, da er ihm vor Ort nicht helfen konnte. Der blutende O hat den Rücksitz des A mit Blut verschmutzt.

Transportiert man einen Verletzten im eigenen Auto, besteht typischerweise das Risiko, dass infolge blutender Wunden die Sitze des Autos verschmutzt werden. Folglich handelte es sich bei der Beschädigung der Autositze des A durch den blutenden O um einen risikotypischen Schaden, der dem A bei der Geschäftsführung für O entstanden ist. Daher kann A von O gemäß §§ 677, 683 S. 1, 670 (analog) Ersatz für die beschädigten Sitze verlangen.

II. Ansprüche des Geschäftsherrn gegen den Geschäftsführer bei berechtigter GoA

1. Schadensersatz wegen Pflichtverletzung bei Durchführung der GoA, §§ 280 Abs. 1, 677

Mit der Übernahme einer (echten) berechtigten GoA entsteht zwischen dem Geschäftsherrn und dem Geschäftsführer ein **gesetzliches Schuldverhältnis.**

Zu den Pflichten des Geschäftsführers im Rahmen dieses gesetzlichen Schuldverhältnisses gehört es vor allem, das Geschäft so durchzuführen, wie es das Interesse des Geschäftsherrn mit Rücksicht auf dessen wirklichen oder mutmaßlichen Willen erfordert, vgl. § 677.

Verletzt der Geschäftsführer die Pflicht zur sorgfältigen Durchführung des Geschäfts aus § 677, kommt ein Schadensersatzanspruch des Geschäftsherrn aus § 280 Abs. 1 in Betracht.

Das Haftungsprivileg des § 680 gilt nach h.M. auch dann, wenn nicht dem Geschäftsherrn selbst die Gefahr droht, sondern seinen Angehörigen oder einer ihm sonst nahe stehenden Person.

Bzgl. des Verschuldens des Geschäftsführers gilt dabei grundsätzlich der Maßstab des § 276, sodass er für Vorsatz und jede Fahrlässigkeit haftet.

Dieser strenge Verschuldensmaßstab ist bei Rettungshandlungen des Geschäftsführers unangemessen. Daher gilt gemäß § 680 ein Haftungsprivileg: Handelt der Geschäftsführer zur Abwendung einer dem Geschäftsherrn drohenden dringenden Gefahr, so hat der

Geschäftsführer nur Vorsatz und grobe Fahrlässigkeit zu vertreten. Eine drohende dringende Gefahr besteht für den Geschäftsherrn, wenn der Eintritt eines Schadens an seiner Person oder seinem Vermögen mit großer Wahrscheinlichkeit unmittelbar bevorsteht und die Hilfeleistung folglich keinen Aufschub duldet.

Beispiel: A löscht in der Wohnung des Nachbarn N einen dort in dessen Abwesenheit ausgebrochenen Brand und beschädigt dabei leicht fahrlässig ein an der Wand hängendes Gemälde.

N steht gegen A kein Schadensersatzanspruch aus § 280 Abs. 1 zu: Zwar besteht zwischen N und A wegen der berechtigten GoA ein gesetzliches Schuldverhältnis und A hat die Pflicht zur sorgfältigen Durchführung des Geschäfts verletzt, indem er das an der Wand hängende Gemälde beschädigt hat. A kann jedoch die Verschuldensvermutung des § 280 Abs. 1 S. 2 widerlegen, da er nur leicht fahrlässig gehandelt hat und ihm gemäß § 680 nur Vorsatz und grobe Fahrlässigkeit vorgeworfen werden kann, weil er zur Abwendung einer drohenden dringenden Gefahr für das Vermögen des N gehandelt hat.

Ein Anspruch des N gegen A aus § 823 Abs. 1 wegen der fahrlässigen Eigentumsverletzung scheidet ebenfalls mangels Verschuldens des A aus, da § 680 im Rahmen des deliktischen Anspruchs analog anzuwenden ist, um Wertungswidersprüche zu vermeiden.

Beachte: *Nach h.M. gilt § 680 auch dann, wenn der Geschäftsführer ohne grobe Fahrlässigkeit irrtümlich von einer Gefahrenlage ausgeht.* !

Aufbauschema: Schadensersatz wegen Pflichtverletzung bei Durchführung der GoA, §§ 280 Abs. 1, 677

I. Voraussetzungen des § 280 Abs. 1

1. **Schuldverhältnis** = das gesetzliche Schuldverhältnis der (echten) berechtigten GoA, §§ 677, 683
2. **Pflichtverletzung** gemäß § 677, d.h., Durchführung **(wichtig: nicht Übernahme)** widerspricht dem Interesse bzw. dem wirklichen/mutmaßlichen Willen des Geschäftsherrn.
3. **Verschulden** des Geschäftsführers bzgl. der Pflichtverletzung wird **gemäß § 280 Abs. 1 S. 2 vermutet.**

   Beachte: *Bei Notfällen Haftungsprivileg gemäß § 680*

II. Rechtsfolge

Schadensersatz gemäß §§ 249 ff. für den adäquat kausalen, auf der Pflichtverletzung beruhenden Schaden.

! ***Klausurtipp:*** *Werden durch pflichtgemäße Durchführungshandlungen des Geschäftsführers im Rahmen der berechtigten GoA deliktisch geschützte Rechte oder Rechtsgüter des Geschäftsherrn verletzt, scheidet ein deliktischer Anspruch des Geschäftsherrn aus § 823 Abs. 1 aus: Die berechtigte GoA stellt einen Rechtfertigungsgrund für die Rechts(gut)verletzungen dar, die durch die gebotenen und erforderlichen Handlungen des Geschäftsführers bei Durchführung der Geschäftsbesorgung entstehen.*

Beispiel: Um den Brand in der Wohnung des N löschen zu können, musste A die Wohnungstür eintreten.

Das Eintreten der Tür war Grundvoraussetzung, um an den Brandherd in der Wohnung heranzukommen und den Brand löschen zu können. Daher stellte die Beschädigung der Tür die im Rahmen der berechtigten GoA gebotene und erforderliche Handlung dar, sodass ein Schadensersatzanspruch aus § 280 Abs. 1 bereits an der fehlenden Pflichtverletzung scheitert. Auf die Widerlegung der Verschuldensvermutung gemäß §§ 280 Abs. 1 S. 2, 680 kommt es folglich gar nicht mehr an.

Ein deliktischer Ersatzanspruch aus § 823 Abs. 1 scheidet mangels Rechtswidrigkeit der Rechtsverletzung aus, da die Beschädigung der Tür durch die berechtigte GoA gerechtfertigt ist.

2. Ansprüche des Geschäftsherrn aus § 681

Verletzt der Geschäftsführer seine Nebenpflichten aus § 681, so kann sich daraus ebenfalls ein Schadensersatzanspruch aus § 280 Abs. 1 ergeben.

In § 681 sind die Nebenpflichten des Geschäftsführers geregelt:

- Gemäß § 681 S. 1 kann der Geschäftsherr verlangen, dass ihm der Geschäftsführer die Geschäftsübernahme anzeigt und seine Entschließung abwartet, wenn nicht mit dem Aufschub Gefahr verbunden ist.
- Gemäß § 681 S. 2 i.V.m. § 666 ist der Geschäftsführer zu Auskunft und Rechenschaft gegenüber dem Geschäftsherrn verpflichtet.
- Gemäß § 681 S. 2 i.V.m. § 667 muss der Geschäftsführer dem Geschäftsherrn alles herausgeben, was er aus der Geschäftsführung erlangt hat.

  Beispiel: A befindet sich im Urlaub. Nachbar N, der mit A im gleichen Haus wohnt, nimmt – ohne von A beauftragt zu sein – ein von A bestelltes Paket entgegen. Nachdem A aus dem Urlaub zurückgekehrt ist und davon erfahren hat, dass N das Paket entgegengenommen hat, verlangt er es von N heraus.

  N hat das Paket im Rahmen der für A übernommenen Geschäftsführung erlangt. Infolgedessen kann A von N gemäß § 681 S. 2 i.V.m. § 667 die Herausgabe des Pakets verlangen.

- Gemäß § 681 S. 2 i.V.m. § 668 muss der Geschäftsführer das herauszugebende Geld, das er für sich verwendet hat, verzinsen.

Ist der Geschäftsführer nicht voll geschäftsfähig, so beschränkt sich seine Haftung bei Ansprüchen auf Schadensersatz auf die §§ 823 ff. und bei Ansprüchen auf Herausgabe auf die §§ 812 ff. In diesem Fall stehen dem Geschäftsherrn daher keine Ansprüche gegen den Geschäftsführer aus §§ 677, 681 zu. !

Klausurtipp: *Ansprüche des Geschäftsherrn aus §§ 987 ff. scheiden bei berechtigter GoA in der Regel aus, da die berechtigte (!) GoA ein Recht zum Besitz i.S.v. § 986 darstellt, sodass schon keine Vindikationslage besteht. Deliktische Ansprüche scheitern in der Regel an der fehlenden Rechtswidrigkeit, da die berechtigte GoA einen Rechtfertigungsgrund darstellt. Zudem kommen Ansprüche aus §§ 812 ff. nicht in Betracht, da die berechtigte GoA einen Rechtsgrund bildet. Wegen dieser Auswirkungen der berechtigten GoA auf die §§ 987 ff., auf das Deliktsrecht und auf das Bereicherungsrecht werden die GoA-Ansprüche sinnvollerweise in einer Klausur vor diesen Ansprüchen geprüft.* !

Check zum 1. und 2. Abschnitt (Einführung und berechtigte GoA)

1. Welche Arten der GoA unterscheidet man?

1. Man teilt die GoA in vier Fallgruppen auf: echte GoA liegt vor, wenn die Voraussetzungen des § 677 gegeben sind (Geschäftsbesorgung – für einen anderen – ohne Auftrag oder sonstige Berechtigung); unechte GoA ist gemäß § 687 gegeben, wenn der Geschäftsführer keine Kenntnis von der Fremdheit des Geschäfts hat (Abs. 1) oder wenn dem Geschäftsführer der Fremdgeschäftsführungswille fehlt (Abs. 2); (echte) berechtigte GoA setzt voraus, dass neben den Voraussetzungen des § 677 auch noch die Voraussetzungen des § 683 S. 1 gegeben sind – also die Übernahme des Geschäfts dem Interesse und dem Willen des Geschäftsherrn entspricht; (echte) unberechtigte GoA liegt vor, wenn die Voraussetzungen des § 677 gegeben sind, aber die Übernahme des Geschäfts nicht dem Interesse und/oder dem Willen des Geschäftsherrn entspricht, § 684.

2. Was umfasst die Voraussetzung „für einen anderen" in § 677?

2. In objektiver Hinsicht muss ein (ausschließlich oder zumindest auch) fremdes Geschäft gegeben sein – also der Interessen- und Pflichtenkreis eines anderen berührt sein – und subjektiv ist erforderlich, dass der Geschäftsführer zum einen gewusst hat, dass er ein fremdes Geschäft führt (Kenntnis von der Fremdheit) und er muss zum anderen auch den Willen gehabt haben, das Geschäft als fremdes zu führen (Fremdgeschäftsführungswille); Umkehrschluss aus § 687.

3. Wann ist die Übernahme der Geschäftsführung interessengerecht i.S.v. § 683 S. 1?

3. Die Übernahme, d.h. der Beginn der Geschäftsführung, entspricht dem Interesse des Geschäftsherrn, wenn sie objektiv nützlich ist.

4. Liegt berechtigte GoA vor, wenn die Geschäftsführungsübernahme nicht dem Interesse, aber dem Willen des Geschäftsherrn entspricht?

4. Nach dem Wortlaut des § 683 S. 1 („und") muss die Übernahme der Geschäftsführung sowohl dem Interesse als auch dem Willen des Geschäftsherrn entsprechen. Nach h.M. ist es aber auch ausreichend, wenn die Geschäftsübernahme zwar nicht dem Interesse, aber dem wirklichen Willen des Geschäftsherrn entspricht, da in diesem Fall keine unerwünschte Einmischung seitens des Geschäftsführers vorliegt.

5. Was bekommt der Geschäftsführer gemäß §§ 677, 683 S. 1, 670 ersetzt?

5. Der Geschäftsführer erhält Aufwendungen i.S.v. freiwilligen Vermögensopfern sowie risikotypische Schäden ersetzt. Eine Tätigkeitsvergütung erhält er nur, wenn er bei der GoA einer Tätigkeit nachgegangen ist, die er auch sonst beruflich ausübt, § 1835 analog.

3. Abschnitt: Die (echte) unberechtigte GoA

Aufbauschema: (echte) unberechtigte GoA
A. Voraussetzungen
I. Voraussetzungen des § 677
1. Geschäftsbesorgung
2. Für einen anderen
a) Fremdes Geschäft
b) Kenntnis von der Fremdheit (Fremdgeschäftsführungsbewusstsein)
c) Fremdgeschäftsführungswille
3. Ohne Auftrag oder sonstige Berechtigung
II. Voraussetzungen des § 683 S. 1 liegen nicht vor
⇨ Geschäftsführungsübernahme entspricht nicht dem Interesse und/oder nicht dem Willen des Geschäftsherrn
B. Rechtsfolge
I. Anspruch des Geschäftsführers auf Herausgabe des Erlangten gemäß §§ 677, 684 S. 1, 812 ff.
II. Ansprüche des Geschäftsherrn
1. § 678: Schadensersatz wegen Übernahmeverschuldens
2. Str. ist, ob dem Geschäftsherrn auch bei unberechtigter GoA die Ansprüche aus §§ 677, 681 sowie § 280 Abs. 1 zustehen

A. Voraussetzungen der (echten) unberechtigten GoA

Unberechtigte GoA = Voraussetzungen § 677 (+) und Voraussetzungen § 683 S. 1 (–)

Eine (echte) unberechtigte GoA liegt vor, wenn jemand ein Geschäft für einen anderen besorgt, ohne von ihm beauftragt oder ihm gegenüber sonst dazu berechtigt zu sein, und die Übernahme der Geschäftsführung nicht dem Interesse und/oder dem Willen des Geschäftsherrn entspricht. D.h., die Voraussetzungen des § 677 sind erfüllt, aber die Voraussetzungen des § 683 S. 1 liegen nicht vor (vgl. § 684 S. 1).

Beispiel: N bemerkt eine zerbrochene Fensterscheibe im Hause des abwesenden A und lässt diese durch den Glaser G reparieren. A will aber das Haus in Kürze abreißen lassen, was dem N nicht bekannt war.

N hat mit der Fensterreparatur bewusst und gewollt ein Geschäft des A geführt, ohne dazu beauftragt oder sonst berechtigt zu sein, sodass die Voraussetzungen des § 677 erfüllt sind und mithin eine echte GoA gegeben ist.

Da A das Haus in Kürze abreißen lassen will, ist die Reparatur jedoch für A nicht objektiv nützlich, sodass die Übernahme der Geschäftsführung nicht dem Interesse des A und daher auch nicht seinem mutmaßlichen Willen entsprach. Folglich liegen die Voraussetzungen des § 683 S. 1 nicht vor, sodass eine (echte) unberechtigte GoA gegeben ist.

B. Rechtsfolgen der (echten) unberechtigten GoA

I. Ansprüche des Geschäftsführers gegen den Geschäftsherrn bei unberechtigter GoA

Der Geschäftsführer kann bei unberechtigter GoA nicht Ersatz seiner Aufwendungen „wie ein Beauftragter" gemäß §§ 677, 683 S. 1, 670 verlangen, sondern er kann gemäß § 684 S. 1 lediglich verlangen, dass der Geschäftsherr ihm alles, was er durch die Geschäftsführung erlangt hat, nach den Vorschriften über die ungerechtfertigte Bereicherung herausgibt.

Nach h.M. handelt es sich bei dem Verweis um einen **Rechtsfolgenverweis** auf §§ 812 ff.; d.h., die Voraussetzungen des § 812 sowie die Ausschlussgründe der §§ 814, 815, 817 S. 2 sind nicht zu prüfen, sondern es dürfen ohne weiteres die Rechtsfolgen des Bereicherungsrechts angewendet werden – insbesondere § 818: Daraus folgt, dass der Geschäftsherr, wenn er nicht mehr gegenständlich bereichert ist, gemäß § 818 Abs. 2 Wertersatz zu leisten hat, und dass er sich gemäß § 818 Abs. 3 auf Entreicherung berufen kann. Zweck der Vorschrift ist es, dem Geschäftsführer das Risiko einer erfolglosen unberechtigten GoA aufzuerlegen.

§§ 684 S. 1, 812 ff. = bereicherungsrechtlicher Aufwendungsersatzanspruch

Somit muss der Geschäftsherr nach der Wertung der §§ 684 S. 1, 812 ff. lediglich die noch vorhandene Bereicherung herausgeben. Die Bereicherung des Geschäftsherrn kann insbesondere in der Ersparnis von Aufwendungen bestehen, für die der Geschäftsherr dann Wertersatz zu leisten hat.

! ***Unterscheide:*** *Bei berechtigter GoA werden gemäß §§ 677, 683 S. 1, 670 die vom Geschäftsführer getätigten Aufwendungen ersetzt, so-*

weit er sie für erforderlich halten durfte. Demgegenüber wird bei der unberechtigten GoA gemäß §§ 684 S. 1, 812 ff. lediglich die beim Geschäftsherrn noch vorhandene Bereicherung abgeschöpft. Damit will der Gesetzgeber dem Geschäftsführer das Risiko einer erfolglosen unberechtigten GoA auferlegen!

Beispiel: Kann im obigen Beispiel N von A Ersatz für die an Glaser G gezahlten Reparaturkosten verlangen?

Ein Anspruch aus §§ 677, 683 S. 1, 670 steht N nicht zu, da die Reparatur nicht im Interesse/Willen des A lag (s.o.).

N könnte gegen A ein bereicherungsrechtlicher Aufwendungsersatzanspruch gemäß §§ 684 S. 1, 812 ff. zustehen. Danach ist entscheidend, ob A bereichert ist. Da A das Haus abreißen lassen will und somit durch die Reparatur der Glasscheibe keine Kosten erspart hat, ist er nicht bereichert. Demnach erhält N seine Aufwendungen auch nicht gemäß §§ 684 S. 1, 812 ff. ersetzt.

II. Ansprüche des Geschäftsherrn gegen den Geschäftsführer bei unberechtigter GoA

1. Schadensersatz bei Übernahmeverschulden, § 678

Dem Geschäftsherrn steht bei der unberechtigten GoA ein Schadensersatzanspruch gegen den Geschäftsführer aus § 678 zu: Verkennt der Geschäftsführer bei der Übernahme der Geschäftsführung, also zu Beginn der Ausführungshandlung, zumindest fahrlässig den entgegenstehenden Willen des Geschäftsherrn und daher seine Nichtberechtigung, so haftet der Geschäftsführer dem Geschäftsherrn auf Ersatz des aus der Geschäftsführung entstehenden Schadens.

§ 678 = Haftung für Übernahmeverschulden

Das Besondere an der Regelung des § 678 ist, dass die Norm nur verlangt, dass der Geschäftsführer den Willen des Geschäftsherrn bzgl. der Übernahme des Geschäfts schuldhaft falsch eingeschätzt hat. Ob ihn bzgl. der Verletzungshandlung ein Verschulden trifft oder nicht, ist demgegenüber vollkommen unerheblich. Trifft den Geschäftsführer ein solches Übernahmeverschulden, so haftet er für sämtliche Folgen seines Verhaltens, da er als unberechtigter Geschäftsführer die Geschäftsführung also solche zu unterlassen hat.

Beispiel: E ist Eigentümer eines Pferdes, das er auf einer Weide hinter seinem Haus hält. Seine Nachbarin N hat er schon mehrfach darauf hingewiesen, dass sie das Tier nicht füttern soll. N steckt dem Pferd trotzdem heimlich ein paar Äpfel zu. Da einer der Äpfel – für N nicht erkennbar – vergiftet war, stirbt das Pferd. Kann E von N Schadensersatz verlangen?

E steht gegen N ein Schadensersatzanspruch aus §§ 677, 678 zu: N hat mit der Fütterung des Pferdes bewusst und gewollt ein Geschäft des E geführt, ohne von ihm dazu beauftragt oder sonst berechtigt zu sein. Die Übernahme der Geschäftsführung widersprach jedoch dem von E geäußerten Willen. Da E der N mitgeteilt hatte, dass er eine Fütterung des Pferdes durch sie nicht wünsche, wusste N auch von dem entgegenstehenden Willen des E. Als sie das Pferd gefüttert hat, hat sie also schuldhaft den entgegenstehenden Willen des E ignoriert. Wegen dieses Übernahmeverschuldens muss sie für sämtliche Folgen ihres Handelns einstehen und daher Schadensersatz für das getötete Pferd leisten, auch wenn sie bzgl. der konkreten Verletzungshandlung – Fütterung des Pferdes mit einem vergifteten Apfel – kein Verschulden i.S.v. § 276 traf.

2. Sonstige Ansprüche

Ob dem Geschäftsherrn bei einer unberechtigten GoA auch die Ansprüche aus §§ 677, 681 sowie § 280 Abs. 1 zustehen, ist umstritten:

- Nach einer Ansicht stehen dem Geschäftsherrn bei einer unberechtigten GoA die Ansprüche aus §§ 677, 681 nicht zu und es entsteht auch kein gesetzliches Schuldverhältnis, sodass es auch keinen Schadensersatzanspruch wegen fehlerhafter Ausführung gibt. Zur Begründung wird angeführt, bei einer unberechtigten GoA wolle der Geschäftsherr überhaupt nicht, dass der Geschäftsführer für ihn handele, er habe die Geschäftsführung ganz zu unterlassen, daher sei es widersprüchlich dem Geschäftsführer die Pflicht zu ordnungsgemäßer Durchführung etc. aufzuerlegen.
- Nach anderer Ansicht stehen dem Geschäftsherrn auch bei unberechtigter GoA die Ansprüche aus §§ 677, 681 sowie § 280 Abs. 1 zu, da es wertungsmäßig nicht sein könne, dass den unberechtigten Geschäftsführer weniger Pflichten treffen als den berechtigten Geschäftsführer.

4. Abschnitt: Die unechte GoA

Eine unechte GoA liegt gemäß § 687 vor, wenn der Geschäftsführer keine Kenntnis von der Fremdheit des Geschäfts hat oder wenn dem Geschäftsführer der Fremdgeschäftsführungswille fehlt.

A. Irrtümliche Eigengeschäftsführung, § 687 Abs. 1

Wenn dem Handelnden bereits das Bewusstsein fehlt, ein fremdes Geschäft zu führen (= irrtümliche Eigengeschäftsführung), finden die Regeln der GoA gemäß § 687 Abs. 1 keine Anwendung. Der Ausgleich zwischen den Beteiligten vollzieht sich nach allgemeinen Vorschriften, z.B. nach §§ 823 ff., 987 ff., 812 ff.

Irrtümliche Eigengeschäftsführung = Fremdgeschäftsführungsbewusstsein fehlt

Beispiel: A meint (gutgläubig), Eigentümer einer Eigentumswohnung zu sein, und vermietet diese an M. In Wirklichkeit gehört die Wohnung dem E.

Die Vermietung der fremden Wohnung ist für A ein objektiv fremdes Geschäft, welches er irrtümlich als eigenes geführt hat (kein Fremdgeschäftsführungsbewusstsein). Es liegt ein Fall der irrtümlichen Eigengeschäftsführung vor, sodass gemäß § 687 Abs. 1 die GoA-Regeln keine Anwendung finden.

Die Verpflichtung des A zur Herausgabe der Miete an E richtet sich nach den §§ 987 ff., da E Eigentümer und A unrechtmäßiger Besitzer ist.

B. Angemaßte Eigengeschäftsführung, § 687 Abs. 2

Eine angemaßte Eigengeschäftsführung liegt vor, wenn jemand ein fremdes Geschäft in Kenntnis der Fremdheit als sein eigenes behandelt.

Angemaßte Eigengeschäftsführung = Fremdgeschäftsführungswille fehlt

Weiß der Geschäftsführer, dass er nicht dazu berechtigt ist, kann der Geschäftsherr gemäß § 687 Abs. 2 die sich aus den §§ 677, 678, 681, 682 ergebenden Ansprüche geltend machen. Dies bedeutet insbesondere, dass der Geschäftsherr gegen den Geschäftsführer über § 678 Schadensersatz wegen Übernahmeverschuldens verlangen kann. Ferner kann der Geschäftsherr vom Geschäftsführer gemäß §§ 681 S. 2, 667 Herausgabe des Erlangten begehren.

Die fahrlässige Unkenntnis von der Fremdheit des Geschäfts begründet keine angemaßte Eigengeschäftsführung i.S.v. § 687 Abs. 2. Ausreichend ist jedoch nach § 142 Abs. 2 die positive Kenntnis der Anfechtbarkeit des berechtigenden Rechtsgeschäfts.

Macht der Geschäftsherr diese Ansprüche ausdrücklich oder konkludent geltend, so ist er nach dem Wortlaut des § 687 Abs. 2 S. 2 dem Geschäftsführer nach § 684 S. 1 verpflichtet. Dies würde bei wortgetreuer Anwendung bedeuten, dass der Geschäftsherr das durch die soeben geltend gemachten Ansprüche Erlangte nach § 684 S. 1 i.V.m. § 812 sofort wieder dem Geschäftsführer herausgeben müsste. Dies würde zu einem sinnlosen juristischen Karussell führen. Daher ist der Verweis in § 687 Abs. 2 S. 2 teleologisch dahingehend zu reduzieren, dass der Geschäftsherr lediglich die darüber hinausgehend erzielte Bereicherung herauszugeben hat.

Beispiel: N hat die Ferienvilla seines Freundes E ohne dessen Wissen an M für 2.000 € vermietet. N ist gegenüber M, der sich auf eine von diesem aufgegebene Anzeige gemeldet hatte, wie der Eigentümer aufgetreten. Für das Inserat hatte N 30 € gezahlt.

E kann von M gemäß §§ 687 Abs. 2 S. 1, 681 S. 2, 667 die Mietzahlung i.H.v. 2.000 € herausverlangen. Er muss dann jedoch dem N dessen Aufwendungen für das Inserat i.H.v. 30 € gemäß §§ 687 Abs. 2 S. 2, 684 S. 1 ersetzen. Denn diese hätte der E im Falle eines eigenen Inserats zur Vermietung auch zahlen müssen, um Mieteinnahmen i.H.v. 2.000 € zu erhalten. Insofern sind ihm diese durch die Zahlung von N erspart geblieben.

Ausnahme: Verwendungsersatzanspruch gemäß § 994 Abs. 2.

!

***Beachte:** Wenn der Geschäftsherr keinen Anspruch aus § 687 Abs. 2 geltend macht, sondern nach den allgemeinen Vorschriften vorgeht, ist er dem Geschäftsführer nicht zum Aufwendungsersatz verpflichtet, da § 687 Abs. 2 S. 2 eine abschließende Regelung darstellt, die Ansprüche aus § 812 ausschließt.*

Check zum 3. und 4. Abschnitt (unberechtigte und unechte GoA)

1. Wodurch unterscheidet sich die unberechtigte von der berechtigten GoA?

1. Das Unterscheidungsmerkmal zwischen der berechtigten und der unberechtigten GoA ist das Interesse und der Wille des Geschäftsherrn bzgl. der Übernahme der Geschäftsführung:
Entspricht die Übernahme der Geschäftsführung dem Interesse und dem Willen des Geschäftsherrn, liegt eine berechtigte GoA vor; nach h.M. ist wegen der gegenüber dem Wortlaut der Norm vorrangigen Privatautonomie des Geschäftsherrn ebenfalls eine berechtigte GoA gegeben, wenn die Übernahme der Geschäftsführung zwar nicht dem Interesse des Geschäftsherrn, jedoch seinem Willen entspricht.
Entspricht die Übernahme der Geschäftsführung nicht dem Interesse und/oder nicht dem Willen des Geschäftsherrn, liegt eine unberechtigte GoA vor.

2. Wodurch unterscheidet sich die unechte von der echten GoA?

2. Das Unterscheidungsmerkmal zwischen der echten und der unechten GoA ist der Fremdgeschäftsführungswille! Dieser liegt bei echter GoA vor und fehlt bei der unechten GoA.

3. Was unterscheidet den Umfang des Anspruchs aus §§ 684 S. 1, 812 ff. vom Aufwendungsersatzanspruch aus §§ 677, 683 S. 1, 670?

3. Gemäß §§ 677, 683 S. 1, 670 werden bei berechtigter GoA die vom Geschäftsführer getätigten Aufwendungen ersetzt, soweit er sie für erforderlich halten durfte. Demgegenüber wird bei der unberechtigten GoA gemäß §§ 684 S. 1, 812 ff. lediglich die beim Geschäftsherrn noch vorhandene Bereicherung abgeschöpft.

4. Was ist das Besondere an § 678?

4. Das Besondere an § 678 ist, dass es sich um eine Haftung für Übernahmeverschulden handelt: der Geschäftsführer muss nur den Willen des Geschäftsherrn bzgl. der Übernahme des Geschäfts schuldhaft falsch eingeschätzt haben; ob ihn bzgl. der Verletzungshandlung ein Verschulden trifft oder nicht, ist unerheblich.

5. Stehen dem Geschäftsherrn bei unberechtigter GoA auch die Ansprüche aus §§ 677, 681 sowie § 280 Abs. 1 zu?

5. Nach einer Ansicht stehen diese Ansprüche dem Geschäftsherrn bei unberechtigter GoA nicht zu, da er ja gerade nicht wolle, dass der Geschäftsführer überhaupt tätig wird. Nach a.A. stehen diese Ansprüche dem Geschäftsherrn auch bei unberechtigter GoA zu, da ansonsten der berechtigte Geschäftsführer mehr Pflichten habe als der unberechtigte.

3. Teil: Ungerechtfertigte Bereicherung, §§ 812 ff.

1. Abschnitt: Einführung zur Bedeutung und Funktion des Bereicherungsrechts

Die Bezeichnung des Bereicherungsrechts als Kondiktionsrecht leitet sich von der Klage des Römischen Privatrechts auf Herausgabe einer Bereicherung (lat. „condictio") ab.

Das **Bereicherungsrecht (Kondiktionsrecht)**, geregelt in den **§§ 812–822**, zielt auf die Abschöpfung von Vermögenszuwächsen ab, für deren Erwerb der rechtliche Grund fehlt. Im Unterschied zum Recht der unerlaubten Handlungen (Deliktsrecht), das den Ausgleich für eine Rechts(gut)verletzung grundsätzlich nur abhängig vom Verschulden des Schädigers gewährt, soll bei der ungerechtfertigten Bereicherung die eingetretene Vermögensmehrung beim Bereicherten, ungeachtet seines etwaig rechtswidrigen und schuldhaften Verhaltens, zugunsten des Bereicherungsgläubigers wieder abgeschöpft werden.

Es geht im **gesetzlichen Schuldverhältnis der §§ 812 ff.** daher nicht darum, ob der **Anspruchsteller** geschädigt ist oder ob er etwas aufgewendet hat, sondern darum, welchen ungerechtfertigten Vorteil der **Anspruchsgegner** erlangt hat. Die Herausgabepflicht ist nach den Grundprinzipien des Bereicherungsrechts auf das (durch den Bereicherten) erlangte Etwas beschränkt. Neben den tatbestandlichen Voraussetzungen dieses gesetzlichen Schuldverhältnisses kommt es aber auch auf den genauen Inhalt des jeweiligen Bereicherungsanspruchs an.

2. Abschnitt: Die Systematik der §§ 812 ff.

Für die Systematik der §§ 812 ff. ist streng danach zu unterscheiden, auf welche Weise der Anspruchsgegner den ungerechtfertigten Vorteil erlangt hat. Die Vorschrift des **§ 812 Abs. 1 S. 1** – meist der Ausgangspunkt einer Prüfung im Bereicherungsrecht – unterscheidet **zwei Grundtatbestände**: Die Bereicherung durch die Leistung eines anderen **(Leistungskondiktion)** und die Bereicherung in sonstiger Weise **(Nichtleistungskondiktion)**, zu der die sog. Eingriffskondiktion den wichtigsten Unterfall darstellt.

Während man sich das Recht der Eingriffskondiktion gleichsam als eine Art „kleines" (verschuldensunabhängiges) Deliktsrecht vorstellen kann, ist das Recht der fehlgeschlagenen Leistungsverhältnisse (Leistungskondiktionsrecht) jedenfalls funktional mit dem Rücktrittsrecht (§§ 346 ff.) verwandt. Die vertragliche Rückabwicklung nach § 346 hat jedoch stets Vorrang vor der bereicherungsrechtlichen Rückabwicklung.

__Aufbauhinweis:__ Bei der bereicherungsrechtlichen Rückabwicklung sind die Fälle der Leistungskondiktionen stets vor den Fällen der Nichtleistungskondiktionen zu prüfen. Die Nichtleistungskondiktion ist subsidiär gegenüber der Leistungskondiktion! !

Einteilung der Anspruchsgrundlagen

Leistungskondiktionen	Nichtleistungskondiktionen
§ 812 Abs. 1 S. 1 Var. 1	§ 812 Abs. 1 S. 1 Var. 2
§ 812 Abs. 1 S. 2 Var. 1	§ 816 Abs. 1 S. 1
§ 812 Abs. 1 S. 2 Var. 2	§ 816 Abs. 1 S. 2
§ 813 Abs. 1 S. 1	§ 816 Abs. 2
§ 817 S. 1	§ 822

Im Folgenden werden zum Zwecke der **„Anspruchsgrundlagenbestimmung"** die Leistungs- und Nichtleistungskondiktionen zunächst voneinander abgegrenzt, um sodann ihre genauen Funktionen bei der Rechtsanwendung zu verstehen.

3. Abschnitt: Die Leistungskondiktionen

In allen Fällen der **Leistungskondiktionen** erlangt der zur Herausgabe verpflichtete Leistungsempfänger etwas durch den rechtsgrundlos Leistenden. Hierbei ist „Rechtsgrundlosigkeit" grundsätzlich so zu verstehen, dass der Leistende den Leistungszweck verfehlt hat. Die Ausnahmen hiervon bilden § 813 Abs. 1 S. 1, wenn eine dauernde Einrede besteht, und § 817 S. 1, bei dem die Rechtsgrundlosigkeit in einer Zweckmissbilligung durch die Rechts- oder Sittenordnung liegt.

Infolgedessen muss man (von den Ausnahmen abgesehen) **bei jeder Leistungskondiktion den vom Leistenden verfolgten Zweck mit dem erreichten Erfolg vergleichen.**

A. Die Leistungskondiktion wegen Nichtschuld (condictio indebiti), § 812 Abs. 1 S. 1 Var. 1

Die Leistungskondiktion nach § 812 Abs. 1 S. 1 Var. 1 setzt voraus, dass der Anspruchsgegner durch Leistung des Anspruchstellers etwas zum Zwecke der Erfüllung einer, wenn auch nur vermeintlich bestehenden, Verbindlichkeit ohne rechtlichen Grund erlangt hat.

Aufbauschema: § 812 Abs. 1 S. 1 Var. 1
1. Etwas erlangt
2. Durch Leistung des Anspruchstellers (Zweck: Erfüllung einer [ggf. vermeintlich bestehenden] Verbindlichkeit)
3. Ohne Rechtsgrund

Eine pauschale Bezeichnung, wie z.B. Geld oder einfach 5.000 €, genügt nicht für die Subsumtion unter „etwas erlangt"; die konkrete Rechtsposition muss benannt werden, also z.B. Eigentum und Besitz an den Geldscheinen und -stücken.

I. „Etwas erlangt"

Etwas i.S.d. § 812 Abs. 1 ist **jeder Vermögensvorteil.** Der vermögenswerte Vorteil muss **rechtlicher Natur** sein; sein materieller Wert ist dafür unerheblich.

Beispiele: Eigentum oder Besitz (auch an materiell wertlosen Gegenständen), Kontogutschriften bzw. Auszahlungsansprüche, Gebrauchs- oder Nutzungsmöglichkeiten an Sachen oder Rechten, Befreiung von Verbindlichkeiten, Erlangung einer günstigen Grundbuchposition, etc.

II. „Durch Leistung des Anspruchstellers"

Der Begriff der Leistung wird bei den Leistungskondiktionen überwiegend im Sinne **einer bewussten und zweckgerichteten Mehrung fremden Vermögens** verstanden. Für dieses rein tatsächlich zu verstehende **Leistungsbewusstsein** ist entscheidend, dass der Anspruchsteller als Leistender zunächst einmal wissen muss, dass er das Vermögen des Anspruchsgegners vermehrt hat, damit bei der condictio indebiti das zum Zwecke der Erfüllung einer (ggf. vermeintlichen) Verbindlichkeit Geleistete zurückgewährt werden muss. Die **Zweckrichtung** soll den Leistenden dabei in die Lage versetzen, bei mehreren Verbindlichkeiten gemäß § 366 Abs. 1 die zu tilgende Schuld, also die Schuld, auf die geleistet werden soll, zu bestimmen.

Beispiel: Der Bauer B vereinbart mit seinem Nachbarn, dem Bauern N, dass dieser während des Urlaubs von B dessen Hühner mitfüttern soll. N sperrt die Hühner des B vereinbarungsgemäß in seinen Hühnerstall, wo sie auch gefüttert werden. Nach der Rückkehr des B kehren die Hühner jedoch immer wieder zum Hühnerhof des N zurück und holen sich dort ihr Futter. Als N einige Zeit später diesen Vorgang bemerkt, verlangt er von B Ersatz für das von den Hühnern nach Ablauf der Urlaubszeit gefressene Futter.

Hier ist N **nicht** bewusst gewesen, dass er das Vermögen des B vermehrt. In Betracht kommt somit keine **Leistungs**kondiktion, sondern allenfalls eine **Nicht-**

leistungskondiktion. Das Leistungsbewusstsein ist rein tatsächlich zu bestimmen und unterliegt nicht den für Willenserklärungen geltenden Regeln.

Es kann im Einzelfall, insbesondere im Mehrpersonenverhältnis (z.B. bei den Anweisungs- oder Einbaufällen) schwierig sein, zu ermitteln, wer an wen zu welchem Zweck leistet. Hierbei ist nach überwiegender Ansicht auf die Sichtweise eines sorgfältigen Leistungsempfängers abzustellen, da dieser grundsätzlich schutzwürdig ist.

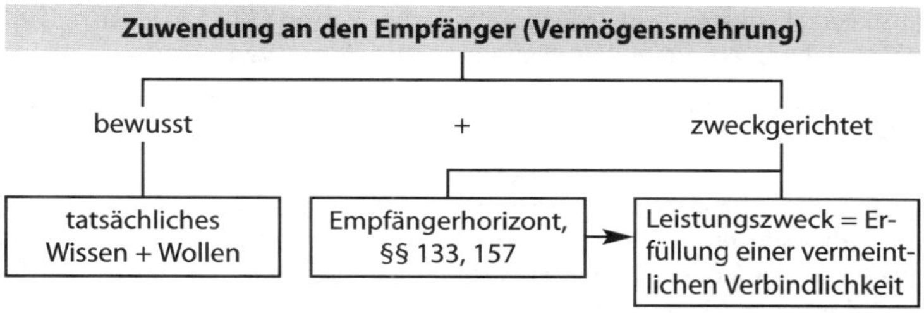

III. „Ohne Rechtsgrund"

In allen Fällen der Leistungskondiktion erfolgt die Leistung ohne rechtlichen Grund, **wenn der Leistende den mit der Leistung verfolgten Zweck nicht erreicht hat**.

Da der Leistungszweck bei **§ 812 Abs. 1 S. 1 Var. 1** in der Erfüllung einer (ggf. vermeintlichen) Verbindlichkeit besteht, erfolgt die Leistung dann ohne rechtlichen Grund, wenn der **Zweck, die Verbindlichkeit zu erfüllen,** nicht erreicht wird. Das ist immer dann der Fall, wenn die Verbindlichkeit erst gar nicht besteht oder – bei bestehender Verbindlichkeit – keine Erfüllungswirkung eintritt.

Der Anwendungsbereich dieser Kondiktion lässt sich mit Blick auf das Abstraktionsprinzip erklären. Fällt der Rechtsgrund im Kausalverhältnis z.B. durch rückwirkende Anfechtung nach § 142 Abs. 1 weg, und schlägt dies nicht auf die Übereignung nach § 929 S. 1 durch, so ist die nicht mehr berechtigte Vermögensverschiebung rückauszugleichen.

Beispiel: Nach Recherchen des A ist B im besonderen Maße kreditwürdig und zahlungskräftig. Infolgedessen gewährt A dem B ein Darlehen; die Darlehenssumme zahlt A auch sogleich in bar an B aus. Als A dann erfährt, dass seine Recherchen völlig unzutreffend waren, ficht er umgehend und ausdrücklich nur den Darlehensvertrag mit B an.

Kann A von B Herausgabe der noch vollständig vorhandenen Barmittel verlangen?

Ein Anspruch aus **§ 985** scheidet aus, weil A das Eigentum an den Barmitteln gemäß § 929 S. 1 auf B übertragen hat. Die Eigentumsübertragung, die mit der Aushändigung der Barmittel einhergegangen ist, ist von dem dahingehenden Willen des A getragen gewesen, seine Verpflichtung aus dem Kausalgeschäft, also dem Darlehensvertrag, zu erfüllen. Die Verpflichtung nach § 488 Abs. 1 S. 1 ist von A erfüllt worden und B ist aufgrund des Verfügungsgeschäfts nach § 929 S. 1 Eigentümer der Barmittel geworden. Eine Anfechtung des Verfügungsgeschäfts nach § 142 Abs. 1 i.V.m. § 119 Abs. 2 ist wegen eines Irrtums des A über eine verkehrswesentliche Eigenschaft des B schon mangels Anfechtungserklärung i.S.d. § 143 bzgl. des Verfügungsgeschäfts nicht gegeben. Darüber hinaus sind die Zahlungsfähigkeit bzw. die Kreditwürdigkeit des B auch (nur) verkehrswesentliche Eigenschaften einer Person i.S.d. § 119 Abs. 2 bzgl. des Darlehensvertrags als Verpflichtungsgeschäft (a.A. vertretbar).

Jedoch kann A von B die Herausgabe der Barmittel nach **§ 812 Abs. 1 S. 1 Var. 1** verlangen, da B Eigentum und Besitz an den Barmitteln **erlangt** hat. Dies geschah auch zum Zwecke der Erfüllung eines vermeintlich bestehenden Darlehensvertrags, also **durch Leistung** des A. Ferner ist der Darlehensvertrag durch die Anfechtung des A gemäß § 142 Abs. 1 i.V.m. § 119 Abs. 2 rückwirkend nichtig geworden, sodass der Erwerb der Barmittel seitens B **ohne Rechtsgrund** erfolgte. Die Verbindlichkeit aus § 488 Abs. 1 S. 1 bestand von Anfang an nicht.

Weitere Einzelheiten finden Sie im AS-Skript Schuldrecht BT 3 (2019), Rn. 118 ff., sowie im AS-Fälle Schuldrecht BT 3 (2019), S. 31 ff.

B. Die Leistungskondiktion wegen späteren Wegfalls des Rechtsgrundes (condictio ob causam finitam), § 812 Abs. 1 S. 2 Var. 1

Die Besonderheit der condictio ob causam finitam nach § 812 Abs. 1 S. 2 Var. 1 liegt darin, dass zur Zeit der Leistung tatsächlich ein Rechtsgrund vorlag bzw. mit der Leistung zustande kam, der **Leistungszweck also erreicht** wurde. Erst **später** ist der Rechtsgrund dann **(endgültig) weggefallen.** Dies kann sich etwa wegen des Eintritts einer auflösenden Bedingung, wegen einer Befristung, wegen des Eintritts eines Endtermins oder auch wegen einer einverständlichen Vertragsaufhebung ereignen. Diese Kondiktion hat als Rückabwicklungsvorschrift indes nur **eingeschränkte Bedeutung**, da das BGB in zahlreichen Spezialfällen, die sich sonst unter § 812 Abs. 1 S. 2 Var. 1 subsumieren ließen, Sonderregelungen mit Rechtsfolgeverweisungen auf das Bereicherungsrecht und seine Haftungsmaßstäbe vorsieht (vgl. §§ 527 Abs. 1, 528 Abs. 1, 531 Abs. 2, 628 Abs. 1 S. 3).

Dagegen führt die Anfechtung des, der Leistung zunächst zugrunde liegenden, Rechtsgeschäfts nicht zur condictio ob causam finitam nach § 812 Abs. 1 S. 2 Var. 1, sondern wegen der Rückwirkungsfiktion des § 142 Abs. 1 und der damit verbundenen Nichtigkeit des Rechtsgeschäfts ex tunc zur condictio indebiti des § 812 Abs. 1 S. 1 Var. 1. Letztlich richtet sich dies aber danach, ob man die Rückwirkung der Anfechtung oder das Bestehen des Kausalvertrags im Zeitpunkt der Leistung in den Vordergrund stellt. Dies ist für die richtige Anspruchsgrundlage in der Klausur im Ergebnis aber bedeutungslos.

Aufbauschema: § 812 Abs. 1 S. 2 Var. 1

1. Etwas erlangt

2. Durch Leistung des Anspruchstellers
(Zweck: Erfüllung einer [ggf. vermeintlich bestehenden] Verbindlichkeit)

3. Späterer Wegfall des Rechtsgrundes

Voraussetzung dieses Anspruchs ist, dass der Anspruchsgegner **etwas durch Leistung** des Anspruchstellers zunächst mit Rechtsgrund erworben hat, der **Rechtsgrund** aber **nachträglich wegfällt**.

Beispiel: V verkauft und übereignet sein Grundstück an K. Im notariellen Kaufvertrag wird eine auflösende Bedingung i.S.d. § 158 Abs. 2 dergestalt vereinbart, dass der Kaufvertrag „hinfällig" sein soll, wenn V innerhalb eines Monats einen anderen Käufer findet, der mehr zu zahlen bereit ist. Dies gelingt V, sodass er von K Eigentum (und Besitz) am Grundstück nach § 812 Abs. 1 S. 2 Var. 1 wieder herausverlangt.

Weitere Einzelheiten finden Sie im AS-Skript Schuldrecht BT 3 (2019), Rn. 180 ff., sowie im AS-Fälle Schuldrecht BT 3 (2019), S. 53.

C. Die Leistungskondiktion wegen Nichteintritts des bezweckten Erfolgs (condictio ob rem), § 812 Abs. 1 S. 2 Var. 2

Alternativ kann die „condictio ob rem" auch als „condictio causa data causa non secuta" bezeichnet werden.

Die Kondiktion wegen Nichteintritts des bezweckten Erfolgs nach § 812 Abs. 1 S. 2 Var. 2 (condictio ob rem) greift dann ein, wenn der Anspruchsgegner **etwas durch Leistung** des Anspruchstellers erlangt hat und nach dem **„Inhalt des Rechtsgeschäfts"** damit ein **besonderer Zweck** verfolgt und verfehlt wurde.

Es kommt bei dieser Kondiktion immer nur auf den ersten verfolgten Zweck (Primärzweck) an; eine Erweiterung des Anwendungsbereichs – auch aus Billigkeitsgesichtspunkten (§ 242) – ist nicht möglich, da sie dem Erfordernis der Bestimmtheit des Leistungszwecks widerspricht.

Aufbauschema: § 812 Abs. 1 S. 2 Var. 2

1. Etwas erlangt
2. Durch Leistung des Anspruchstellers
   (Zweck: Erfüllung eines besonderen Erfolgs)
3. **Zweckverfehlung**

Für diese Kondiktion ist entscheidend, dass mit dem „nach dem Inhalte des Rechtsgeschäfts bezweckten Erfolg" entgegen dem Wortlaut der Norm nur ein Erfolg gemeint sein kann, der sich **nicht auf die Erfüllung einer Verbindlichkeit bezieht**, da ansonsten die Leistungskondiktion wegen Nichtschuld aus § 812 Abs. 1 S. 1 Var. 1 ohne eigenen Anwendungsbereich wäre. Auch darf das „Rechtsgeschäft" nicht voll rechtsgeschäftlich ausgebildet und forderungsbewehrt sein (sonst gelten die Regeln des Leistungsstörungsrechts). Das Rechtsgeschäft muss vielmehr einen **unterhalb der Verbindlichkeitsschwelle „bezweckten Erfolg"** beinhalten, dessen Erwartung beide Parteien (nicht nur der Leistende; sonst unbeachtlich) mit der Leistung verknüpfen. Man spricht daher von einer **„Rechtsgrundabrede"** für das Behaltendürfen der Leistung.

Beispiel: Die Beteiligten eines Grundstückskaufvertrags tätigen ein klassisches Scheingeschäft, indem sie im notariellen Vertrag trotz belehrender Hinweise durch den Notar den Kaufpreis zu gering ausweisen, vgl. §§ 117, 125 S. 1 i.V.m. § 311 b Abs. 1 S. 1. Kommt es nicht zu einer Heilung des nichtigen Grundstückskaufvertrags i.S.d. § 311 b Abs. 1 S. 2 und hat der Käufer den aufgrund der Nichtigkeit nicht geschuldeten Kaufpreis in Hoffnung auf eine freiwillige Grundstücksübereignung gezahlt, so kann Rückzahlung auf der Basis dieser Kondiktion begehrt werden. § 814 steht dem nicht entgegen, da er voraussetzt, dass die Verbindlichkeit vermeintlich schon besteht, während hier die Beteiligten auf die Heilungschance abstellen.

Die Kondiktion des § 812 Abs. 1 S. 2 Var. 2 ist im Ergebnis auf **drei Fallgruppen** zugeschnitten:

! Beachte: Vertragliche Ansprüche bzw. die §§ 320 ff. sind ebenso wie Ansprüche aus SGG (§ 313) stets **spezieller** als § 812 Abs. 1 S. 2 Var. 2.

- die **Vorleistungsfälle:** Die Leistung wird im Hinblick darauf erbracht, dass das Rechtsverhältnis später zustande kommt.
- die **Veranlassungsfälle:** Der Leistende bezweckt – vergeblich –, den Empfänger zu einem sonst nicht durchsetzbaren Verhalten, z.B. Erbeinsetzung, Absehen von Strafanzeige, etc. zu veranlassen.
- die **Zweckverwendungsfälle:** Der Empfänger soll die Leistung in bestimmter Weise verwenden.

Weitere Einzelheiten finden Sie im AS-Skript Schuldrecht BT 3 (2019), Rn. 187 ff., sowie im AS-Fälle Schuldrecht BT 3 (2019), S. 54 ff.

D. Die Leistungskondiktion wegen einredebehafteter Forderung, § 813 Abs. 1 S. 1

Das Geleistete kann nach § 813 in Erweiterung zu § 812 Abs. 1 S. 1 Var. 1 trotz Vorliegens eines rechtlichen Grundes auch dann zurückgefordert werden, wenn die Schuld zwar besteht, aber mit einer **dauernden (peremptorischen) Einrede** behaftet ist.

! *§ 813 Abs. 1 S. 1 stellt eine ergänzende Sondervorschrift zu § 812 Abs. 1 S. 1 Var. 1 dar und gilt **nicht** für die anderen Arten der Leistungskondiktionen.*

Aufbauschema: §§ 812 Abs. 1 S. 1 Var. 1, 813 Abs. 1 S. 1

1. Etwas erlangt
2. Durch Leistung des Anspruchstellers
   (Zweck: Erfüllung einer Verbindlichkeit)
3. **Dauernde Einrede**

Zu den dauernden Einreden zählen **z.B. § 242** (Einrede der unzulässigen Rechtsausübung), **§ 821** (Einrede der Bereicherung), **§ 853** (Arglisteinrede), **§ 1973** (Einrede der beschränkten Erbenhaftung bei Irrtum über die Zulänglichkeit des Nachlasses), **§§ 2083, 2345** (Einrede der Anfechtbarkeit der letztwilligen Verfügung nach Ablauf der Anfechtungsfrist), etc. Letztlich sind aber nur **Einreden** (und nicht auch Einwendungen) für § 813 von Bedeutung. Denn Einwendungen haben zur Folge, dass der Rechtsgrund entweder von vornherein nicht bestand oder nachträglich weggefallen ist.

! **Beachte:**
Bei der (dauernden) **Einrede der Verjährung** kann das Geleistete **nicht** zurückgefordert werden, §§ 813 Abs. 1 S. 2, 214 Abs. 2!

Beispiel: Der schmächtige H wird schuldlos in einen Unfall verwickelt. Der andere Unfallbeteiligte, der kräftige B hatte ihm die Vorfahrt genommen, sodass der Unfall für H ein unabwendbares Ereignis war (mit der Folge, dass H dem B auch nicht aus § 7 Abs. 1 StVG bzw. § 18 Abs. 1 StVG haftet, vgl. §§ 17 Abs. 3, 18 Abs. 3 StVG). B verlangt gleichwohl unter Androhung von Prügel von H ein Schuldanerkenntnis. H unterschreibt, weil er angesichts der „Argumente" des B meint, in seiner Eigenschaft als Kfz-Halter in jedem Fall unterschreiben und zahlen zu müssen. Das von H unterschriebene Anerkenntnis hat den Wortlaut: „Hiermit erkenne ich an, B 1.000 € zu schulden". Kann H von B für den Fall, dass er diesem die 1.000 € gezahlt hat, diesen Betrag zurückverlangen?

H hat ein sog. „abstrakt konstitutives" Schuldanerkenntnis i.S.d. § 781 unterschrieben. B hat somit Eigentum und Besitz an Geldscheinen und -stücken im Wert von 1.000 € als **„etwas"** von H erlangt.
Dies geschah, wie § 812 Abs. 2 klarstellt, **durch Leistung**. H wollte damit auch eine Verbindlichkeit, seine (vermeintliche) Erfüllungspflicht aus § 781, erfüllen. Da H aber zur Abgabe eines Schuldanerkenntnisses nicht verpflichtet war, kann er es von B gemäß § 812 Abs. 1 S. 1 Var. 1 wieder herausverlangen. Bis zur

Herausgabe des Schuldanerkenntnisses durch B steht H gegenüber dem Anspruch des B aus dem Schuldanerkenntnis (§ 781) gemäß **§ 821 die sog. „Bereicherungseinrede"** (u.U. auch nach § 853 die Arglisteinrede) zu. H muss also den formell existierenden Anspruch des B aus dem Schuldanerkenntnis nicht erfüllen. Erfüllt H jedoch diesen Anspruch in Unkenntnis seiner Einrede, kann er die 1.000 € nach §§ 812 Abs. 1 S. 1 Var. 1, 813 Abs. 1 S. 1 zurückverlangen, da dem Anspruch des B aus § 781 die dauernde Einrede aus § 821 entgegensteht.

Der **Anwendungsbereich** von § 817 S. 1 ist immer dann eröffnet, wenn nach § 134/§ 138 das ganze Verpflichtungsgeschäft nichtig ist. Er gilt als Sonderfall der Leistungskondiktion und ist daher anstelle des ebenfalls einschlägigen § 812 Abs. 1 S. 1 Var 1. zu prüfen!

Weitere Einzelheiten finden Sie im AS-Skript Schuldrecht BT 3 (2019), Rn. 194 ff.

Der **Anwendungsbereich** von § 817 S. 1 ist gering, da in der Regel nach § 134/§ 138 das ganze Verpflichtungsgeschäft nichtig ist und daher bereits § 812 Abs. 1 S. 1 Var 1. eingreift.

E. Die Leistungskondiktion wegen gesetzes- oder sittenwidrigen Empfangs einer Leistung (condictio ob turpem vel iniustam causam), § 817 S. 1

Die Leistungskondiktion nach § 817 S. 1 setzt voraus, dass der Zweck der Leistung so bestimmt ist, dass der Empfänger durch die Annahme der Leistung **gegen das Gesetz** oder **gegen die guten Sitten** verstößt. Jedoch darf **nur dem Empfänger** ein solcher Verstoß zur Last fallen. Denn die Rückforderung ist nach § 817 S. 2 ausgeschlossen, wenn dem Leistenden gleichfalls ein solcher Verstoß zur Last fällt. Die selbstständige Kondiktion nach § 817 S. 1 bedarf nicht des Fehlens eines rechtlichen Grundes, wie die Leistungskondiktionen des § 812.

Umstritten ist, ob beim Empfänger **positive Kenntnis** vom Gesetzesverstoß bzw. das Bewusstsein vorhanden sein muss, dass er sittenwidrig gehandelt hat, oder ob alleine das Vorliegen eines Verstoßes gegen das Gesetz oder die guten Sitten ausreicht. Nach dem Wortlaut von § 817 S. 1 ist jedenfalls keine Kenntnis erforderlich; zudem soll durch diese Kondiktion ja nur die Bereicherung beim Empfänger abgeschöpft und damit die materiell-rechtliche Güterordnung wiederhergestellt werden. Eine repressive Bestrafung ist jedenfalls durch § 817 S. 1 nicht vorgesehen.

Falls der Leistende weiß, dass er aufgrund der Rechtslage nichts schuldet, greift in der Regel der Ausschlusstatbestand des § 814 ein. Dies ist bei der Leistungskondiktion aber nur in den Fällen des § 812 Abs. 1 S. 1 Var. 1 und § 813 möglich, sodass **§ 814 auf § 817 S. 1 gerade nicht anwendbar** ist. Dies gilt auch für **§ 815, der auf § 817 S. 1 ebenfalls nicht angewandt** wird.

Aufbauschema: § 817 S. 1

1. Etwas erlangt
2. Durch Leistung
   (Zweck: Empfänger soll durch die Annahme gegen das Gesetz oder die guten Sitten verstoßen)
3. **Gesetzes- oder Sittenverstoß des Empfängers**

Die Kondiktion des § 817 S. 1 ist daher im Ergebnis auf **zwei Fallgruppen** zugeschnitten:

- bei **Wirksamkeit des Verpflichtungsgeschäfts** (dann ist nämlich der Anspruch aus § 812 Abs. 1 S. 1 Var. 1 nicht gegeben);
- bei **Unwirksamkeit des Verpflichtungsgeschäfts <u>und</u> Kenntnis von der Nichtschuld** (dann ist nämlich der Anspruch aus § 812 Abs. 1 S. 1 Var. 1 nach § 814 ausgeschlossen).

Beispiel: Jurastudent S verfällt nach missglücktem Examen in tiefe (krankhafte) Schwermut. Er lässt sich vom Amtsarzt Dr. A seine Erkrankung bestätigen. Nachdem er beim nächsten Anlauf sein Examen bestanden hat, übersendet er A mit besten Grüßen eine Kiste „Riesling Secco". Kann S von A die Rückgabe des Weins verlangen?

S kann den Wein nach § 817 S. 1 herausverlangen, weil A durch die Annahme gegen das Gesetz (§ 331 StGB) verstößt. Der Anspruch ist nicht nach § 817 S. 2 ausgeschlossen, weil S kein Gesetzesverstoß zur Last fällt. Demgegenüber greift die condictio indebiti nach § 812 Abs. 1 S. 1 Var. 1 nicht ein, weil in den Fällen des § 331 StGB das zugrunde liegende Kausalgeschäft (§ 516) wirksam ist und § 134 nicht eingreift.

Entscheidend für § 817 S. 1 ist, dass **nur der Empfänger** gegen das Gesetz oder die guten Sitten verstößt.

Da Rückforderungsgrund nicht die Leistungszweckverfehlung, sondern der von der Rechtsordnung missbilligte Gesetzes- bzw. Sittenverstoß des Empfängers ist, sind die Problemfälle des § 817 S. 1 typischerweise die **„Wucherdarlehen"** und die **„Schwarzarbeiterfälle"**. Die Kondiktionen aus § 817 S. 1 und § 812 Abs. 1 S. 1 Alt. 1 können dabei in Anspruchskonkurrenz stehen.

Weitere Einzelheiten finden Sie im AS-Skript Schuldrecht BT 3 (2019), Rn. 198 ff., sowie im AS-Fälle Schuldrecht BT 3 (2019), S. 57 ff.

1. Was versteht man unter einer Leistung i.S.d. § 812 Abs. 1 S. 1 Var. 1?

1. Eine Leistung liegt vor, wenn der Leistende eine bewusste und zweckgerichtete Mehrung fremden Vermögens zur Erfüllung einer, wenn auch nur vermeintlich bestehenden, Verbindlichkeit vorgenommen hat.

2. Wann erfolgt die Leistung bei § 812 Abs. 1 S. 1 Var. 1 rechtsgrundlos?

2. Die Leistung erfolgt „ohne rechtlichen Grund", wenn der Leistende den mit der Leistung verfolgten Zweck nicht erreicht hat, wenn also die Verbindlichkeit nicht besteht oder – bei bestehender Verbindlichkeit – keine Erfüllung eintritt.

3. Ist § 812 Abs. 1 S. 2 Var. 1 im Fall einer Anfechtung nach § 142 Abs. 1 anwendbar?

3. Die Anfechtung des der Leistung zunächst zugrunde liegenden Rechtsgeschäfts führt nicht zur condictio ob causam finitam, sondern wegen der Rückwirkungsfiktion des § 142 Abs. 1 zur condictio indebiti des § 812 Abs. 1 S. 1 Var. 1.

4. Ist § 812 Abs. 1 S. 2 Var. 2 anwendbar, wenn der Leistende neben der Erfüllung einer Verbindlichkeit noch weitere Leistungszwecke verfolgt?

4. Nach nahezu einhelliger Auffassung ist bei § 812 Abs. 1 S. 2 Var. 2 nur auf den „Hauptzweck" der Leistung abzustellen; weitere Leistungszwecke sind insofern für die bereicherungsrechtliche Rückabwicklung bedeutungslos.

5. Ist § 813 Abs. 1 S. 1 eine eigene Anspruchsgrundlage?

5. § 813 Abs. 1 S. 1 stellt eine ergänzende Sondervorschrift zu § 812 Abs. 1 S. 1 Var. 1 dar und ist damit unselbstständiger Teil einer Anspruchsgrundlage.

6. Was ist unter einer Einrede i.S.d. § 813 zu verstehen? Werden von dem Begriff der Einrede auch Einwendungen umfasst?

6. Unter einer „Einrede" i.S.d. § 813 sind nur dauerhafte, sog. peremptorische Einreden zu verstehen. Hierzu zählen z.B. § 242, § 821, § 853 etc. Die Einrede der Verjährung nach § 214 Abs. 1 zählt jedoch nicht dazu, §§ 813 Abs. 1 S. 2, 214 Abs. 2. Einwendungen werden von § 813 nicht erfasst, da diese zur Folge haben, dass der Rechtsgrund entweder von vornherein nicht bestand oder nachträglich weggefallen ist.

7. Wie muss der Leistungszweck bei der Leistungskondiktion des § 817 S. 1 bestimmt sein? Hat § 817 S. 1 eine ungeschriebene Voraussetzung?

7. Der Leistungszweck muss so bestimmt sein, dass der Empfänger durch die Annahme der Leistung gegen das Gesetz oder gegen die guten Sitten verstößt. Umstritten ist, ob beim Empfänger – als ungeschriebene Voraussetzung – positive Kenntnis vom Gesetzesverstoß bzw. das Bewusstsein vorhanden sein muss. Nach dem Wortlaut von § 817 S. 1 ist keine Kenntnis erforderlich; zudem soll durch § 817 S. 1 nur die Bereicherung beim Empfänger abgeschöpft und damit die materiell-rechtliche Güterordnung wiederhergestellt werden.

4. Abschnitt: Die Nichtleistungskondiktionen

Bei den **Nichtleistungskondiktionen** bestehen gerade keine Leistungsbeziehungen, wie bei den Leistungskondiktionen. Der Bereicherungsausgleich findet also nur dann statt, wenn **in sonstiger Weise**, also gerade nicht durch Leistung, **etwas ohne Rechtsgrund erlangt** worden ist.

- Den Grundtatbestand bildet dabei die **allgemeine Nichtleistungskondiktion** nach § 812 Abs. 1 S. 1 Var. 2. Hierbei unterscheidet man je nach der Art des Zustandekommens der Bereicherung die **Eingriffskondiktion**, die **Verwendungskondiktion** (Aufwendungskondiktion) und die **Rückgriffskondiktion**.
- **Spezielle Nichtleistungskondiktionen** enthalten die §§ 816 Abs. 1 S. 1, 816 Abs. 1 S. 2, 816 Abs. 2 und 822.

Einteilung der Nichtleistungskondiktionen (NLK)

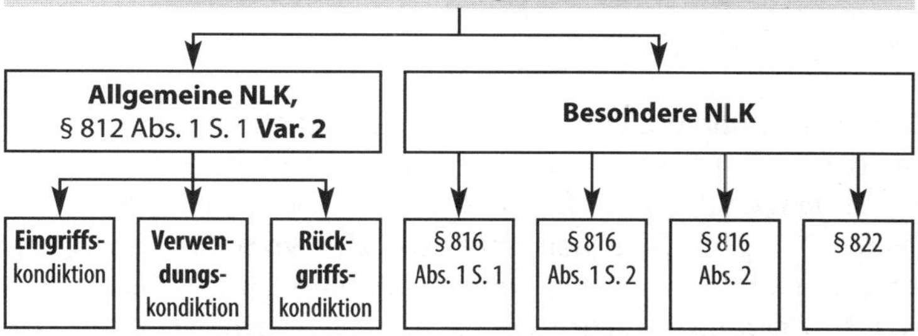

! Beachte: Die Nichtleistungskondiktionen aus **§ 816** und **§ 822** sind **spezieller** als der Grundtatbestand des **§ 812 Abs. 1 S. 1 Var. 2.**

Da für alle Fälle der allgemeinen Nichtleistungskondiktion entscheidend ist, dass der Bereicherte den Vermögensvorteil nicht durch Leistung erlangt hat, leitet man hieraus den **Grundsatz vom Vorrang der Leistungsbeziehung** ab. Das bedeutet, dass die **Nichtleistungskondiktion subsidiär** ist, sobald jemand eine Bereicherung durch die Leistung eines anderen erlangt hat. Die Bereicherung trat dann also gerade nicht „in sonstiger Weise" ein.

*Bei einer vorrangigen Leistungsbeziehung ist die Nichtleistungskondiktion **subsidiär!*** !

Beispiel: P erwirbt im Geschäft des W ein HiFi-Gerät und bezahlt es. W hat das Gerät unter Eigentumsvorbehalt vom Großhändler G erworben. Da über das Vermögen des W drei Wochen später das Insolvenzverfahren eröffnet wird, verlangt G von P das Gerät heraus.

Ein **Herausgabeanspruch** des G gegen P aus **§ 985** besteht nicht, da P das Gerät zumindest gutgläubig gemäß §§ 929 S. 1, 932 Abs. 1 S. 1 erworben hat.

Ein Anspruch aus **§ 812 Abs. 1 S. 1 Var. 1** scheitert daran, dass G das Gerät nicht an P geleistet hat.

Ein Anspruch aus **§ 816 Abs. 1 S. 2** bzw. **§ 822** besteht nicht, da P das Gerät **entgeltlich** von W erworben hat.

Ein Anspruch aus **§ 812 Abs. 1 S. 1 Var. 2** scheidet ebenfalls aus, da P die Sache **durch Leistung des Händlers W** und somit **nicht in sonstiger Weise auf Kosten des G** erworben hat. Die Nichtleistungskondiktion ist gegenüber einer vorrangigen Leistungsbeziehung **subsidiär.**

A. Die Eingriffskondiktion, § 812 Abs. 1 S. 1 Var. 2

Bei der Eingriffskondiktion erlangt der Bereicherte den Vermögensvorteil in sonstiger Weise auf Kosten des Entreicherten ohne rechtlichen Grund.

Aufbauschema: § 812 Abs. 1 S. 1 Var. 2 (Eingriffskondiktion)
1. Etwas erlangt
2. In sonstiger Weise auf Kosten des Anspruchstellers
3. Ohne Rechtsgrund

Der rechtsgrundlose Erwerb geschieht „in sonstiger Weise auf Kosten des Anspruchstellers", wenn – nicht durch Leistung – in den **Zuweisungsgehalt eines fremden Rechts** eingegriffen wird. Der „Eingriff" liegt nach der herrschenden **Lehre vom Zuweisungsgehalt** also immer dann vor, **wenn in einen Bereich eingegriffen wurde, der dem Berechtigten zur ausschließlichen Nutzung zugewiesen ist.**

Entscheidend ist für § 812 Abs. 1 S. 1 Var. 2 nur der objektive Eingriff, nicht dessen Rechtswidrigkeit!

Sinn und Zweck der Eingriffskondiktion ist es, demjenigen, dessen Rechte oder Rechtsgüter unter Ausnutzung des Eingriffsobjekts in Anspruch genommen werden, einen Bereicherungsausgleich zu gewähren. Deswegen ist es nach der Lehre vom Zuweisungsgehalt für das Vorliegen eines Eingriffs irrelevant, ob das Verhalten des Anspruchsgegners rechtswidrig ist.

Beispiel 1: B heizt seinen Kamin versehentlich mit dem Feuerholz des H.

Beispiel 2: K, der Inhaber einer Fensterfabrik ist, benutzt bei der Herstellung von Fensterrahmen ein Kunststoffhohlprofil, das als Gebrauchsmuster für das Unternehmen des E geschützt ist.

In beiden Fällen ist nach der Lehre vom Zuweisungsgehalt eine Eingriffskondiktion gegeben, weil die Nutzung des Holzes in Beispiel 1 nach der Rechtsordnung dem H (vgl. § 903) zugewiesen ist und in Beispiel 2 der Inhaber eines Gebrauchsmusters über dessen wirtschaftliche Nutzung allein zu befinden hat. Es wurde in beiden Fällen in den Zuweisungsgehalt eines fremden absoluten Rechts rechtsgrundlos eingegriffen, sodass der daraus erlangte Vorteil (seinem Wert nach, vgl. § 818 Abs. 2) herauszugeben ist.

Systematisch stellt die Lehre vom Zuweisungsgehalt bei der Eingriffskondiktion also die Parallele dazu dar, dass bei den Leistungskondiktionen das Erlangte aus einer Leistung des Bereicherungsgläubigers stammen muss. Wie die Leistungskondiktion ist auch die Eingriffskondiktion ein nach Tatbestand und Rechtsfolgen ursachenabhängiger Bereicherungsanspruch.

Die Eingriffskondiktion hebt sich von den anderen Nichtleistungskondiktionen dadurch ab, dass ihr der Gedanke der Usurpation fremder Rechtsgüter einen quasideliktischen Sanktionscharakter verleiht.

Usurpation (lat. usurpatio) bedeutet, dass man etwas durch Gebrauch an sich reißt bzw. sich widerrechtlich die Macht über etwas verschafft.

Weitere Einzelheiten finden Sie im AS-Skript Schuldrecht BT 3 (2019), Rn. 215 ff., sowie im AS-Fälle Schuldrecht BT 3 (2019), S. 71 f.

B. Die Verwendungskondiktion, § 812 Abs. 1 S. 1 Var. 2

Die Verwendungskondiktion (als Unterfall des § 812 Abs. 1 S. 1 Var. 2) greift ein, wenn der Bereicherte **in sonstiger Weise durch Verwendungen** des Bereicherungsgläubigers auf dessen Kosten einen rechtsgrundlosen Vermögensvorteil erlangt hat.

Aufbauschema: § 812 Abs. 1 S. 1 Var. 2 (Verwendungskondiktion)
1. Etwas erlangt
2. In sonstiger Weise durch Verwendungen des Anspruchstellers (= auf dessen Kosten)
3. Ohne Rechtsgrund

Die Verwendungskondiktion zielt auf den Ersatz von Aufwendungen (= freiwillige Vermögensopfer) ab, die der Bereicherungsgläubiger aus eigenen Mitteln auf Sachen des Bereicherungsschuldners gemacht hat, und dadurch dessen Vermögen gemehrt hat. Es geht also um Handlungen des Bereicherungsgläubigers; nimmt ein Dritter die Handlungen vor, ist die Eingriffskondiktion einschlägig.

Beispiel: Obstbauer (O) besprüht seine Obstbäume vom Flugzeug aus mit Schädlingsbekämpfungsmitteln. Versehentlich besprüht er dabei auch den Obstbestand seines Nachbarn (N). Dadurch bleibt es N erspart, dies selbst zu tun. Kann O von N Ersatz der Aufwendungen verlangen, die ihm durch das Besprühen der Bäume des N entstanden sind?

O hat **keinen** Anspruch aus **Geschäftsführung ohne Auftrag (§§ 677, 683 S. 1, 670)**, da er allenfalls ein fremdes Geschäft in der Meinung geführt hat, dass es sein eigenes sei (§ 687 Abs. 1 S. 1).

Ansprüche aus einem **Eigentümer-Besitzer-Verhältnis (§§ 994 ff.)** scheiden aus, weil O keinen Besitz an den Bäumen des N hatte.

! **Beachte:**
Die **Verwendungskondiktion** aus § 812 Abs. 1 S. 1 Var. 2 ist **subsidiär**, wenn vorrangige Sonderregeln für den Verwendungsersatz eingreifen.

In Betracht kommen nur **Bereicherungsansprüche**. Dabei kann es sich **nicht** um eine **Leistungskondiktion** handeln, weil O keine bewusste und zweckgerichtete Vermögensmehrung bei N vorgenommen hat, und eine **Eingriffskondiktion** scheitert schon daran, dass O nicht in das Vermögen des N eingegriffen hat. Vielmehr handelt es sich um einen Fall der **Verwendungskondiktion** aus § 812 Abs. 1 S. 1 Var. 2, da N durch die von O vorgenommene Verwendung auf dessen Kosten etwas ohne rechtlichen Grund erlangt hat. Mithin ist N dem O zur Herausgabe bzw. zum Wertersatz (§ 818 Abs. 2) verpflichtet.

Weitere Einzelheiten finden Sie im AS-Skript Schuldrecht BT 3 (2019), Rn. 227 ff. sowie im AS-Fälle Schuldrecht BT 3 (2019), S. 73 ff.

C. Die Rückgriffskondiktion, § 812 Abs. 1 S. 1 Var. 2

Die Rückgriffskondiktion, auch Auslagenkondiktion genannt, gewährt dem Entreicherten dann einen Anspruch nach § 812 Abs. 1 S. 1 Var. 2, wenn er dem Bereicherten **in sonstiger Weise** eine diesem zugute kommende **Zuwendung** gemacht hat, für die es **außerhalb des Bereicherungsrechts keine Rückgriffsmöglichkeit** gibt.

Es kann durchaus sein, dass jemand eine Leistung erbringt, die neben dem Leistungsempfänger auch einem Dritten zugutekommt, an den aber gar nicht geleistet werden sollte. Dieser Dritte ist dann „in sonstiger Weise auf Kosten" des Zuwendenden bereichert und nach § 812 Abs. 1 S. 1 Var. 2 zum Bereicherungsausgleich verpflichtet, falls **vorrangige Sonderregeln** für den Rückgriff (z.B. § 426 Abs. 1, Gesamtschuldnerausgleich), §§ 677, 683 S. 1, 670 (Aufwendungsersatz nach GoA), §§ 255, 285 (Abtretungsansprüche), § 426 Abs. 2 S. 1 (Fall des gesetzlichen Forderungsübergangs, sog. cessio legis) etc. nicht eingreifen.

Aufbauschema: § 812 Abs. 1 S. 1 Var. 2 (Rückgriffskondiktion)

1. Etwas erlangt
2. **In sonstiger Weise ohne speziellere Rückgriffsmöglichkeit des Anspruchstellers**
3. Ohne Rechtsgrund

Die Rückgriffskondiktion kommt also insbesondere dann in Betracht, wenn der Schuldner durch Handlungen des Anspruchstellers von einer Verbindlichkeit gegenüber einem Dritten befreit wurde. Voraussetzung ist, dass der Rückgriffsberechtigte objektiv und subjektiv auf eine fremde Schuld gezahlt hat, da sonst der Schuldner nicht nach §§ 362, 267 von seiner Verpflichtung gegenüber dem Dritten frei geworden ist und somit nichts erlangt hat.

Beispiel: G verkauft S ein Motorrad unter Eigentumsvorbehalt. D steht gleichfalls eine Forderung gegen S zu. D hat inzwischen ein Zahlungsurteil gegen S erwirkt und vollstreckt in das Motorrad. Um einer Drittwiderspruchsklage nach § 771 ZPO des G zuvorzukommen, zahlt D den noch offenen Restkaufpreis an G.

D steht gegen S eine **Rückgriffskondiktion** aus **§ 812 Abs. 1 S. 1 Var. 2** zu, da S in sonstiger Weise auf Kosten des D Befreiung von einer Verbindlichkeit aus dem Kaufvertrag mit G erlangt hat.

! Beachte: Die **Rückgriffskondiktion** aus § 812 Abs. 1 S. 1 Var. 2 ist **subsidiär**, wenn vorrangige Sonderregeln für den Rückgriff eingreifen.

Speziellere Ansprüche aus **GoA** scheitern am fehlenden **Fremdgeschäftsführungswillen** des D. D wollte mit der Zahlung kein Geschäft des S führen, sondern lediglich die Drittwiderspruchsklage des G abwenden. Der widerleglich vermutete Fremdgeschäftsführungswille bei objektiv fremden Geschäften ist hier zu verneinen.

Auch der **speziellere Zessionsregress** nach **§ 268 Abs. 3** ist hier nicht einschlägig, weil hier nicht der Fall der Befriedigung des die Zwangsvollstreckung betreibenden Gläubigers durch einen ablösungsberechtigten Dritten vorliegt.

Weitere Einzelheiten finden Sie im AS-Skript Schuldrecht BT 3 (2019), Rn. 229.

D. Die besonderen Nichtleistungskondiktionen

I. Die Eingriffskondiktion gegen den nichtberechtigt Verfügenden, § 816 Abs. 1 S. 1

Als einer der klassischen Erlösherausgabeansprüche besteht der **Zweck des § 816 Abs. 1 S. 1** darin, dem Bereicherungsgläubiger einen Ausgleich für Vermögensverluste zu verschaffen, die dieser infolge der Vorschriften über den gutgläubigen Erwerb durch Dritte erleidet, weil der Dritte – insbesondere nach §§ 892, 932 ff., 2366 ff. – gutgläubig rechtsgeschäftlich Eigentum von einem nichtberechtigt Verfügenden erwirbt und der Verfügende damit eine „Enteignung des ehemaligen Eigentümers" bewirkt.

Das bedeutet, dass § 816 Abs. 1 S. 1 auf einen Ausgleich im Falle wirksamer entgeltlicher Verfügungen eines Nichtberechtigten über ein fremdes Recht hinwirkt. Der Bereicherungsgläubiger kann als Kompensation für die verlorene Rechtsposition dasjenige herausverlangen, was der Verfügende durch die Verfügung erlangt hat; dies ist regelmäßig das Entgelt, das der nichtberechtigt Verfügende vom Dritten erhalten hat (h.M.).

Damit ist in dieser Eingriffskondiktion ein **Rechtsfortwirkungsanspruch** für die verloren gegangene Vindikationsmöglichkeit des Bereicherungsgläubigers nach §§ 985, 986 zu sehen.

Für den Dritten liegt die Besonderheit des § 816 Abs. 1 S. 1 darin, dass der gutgläubige Erwerb bei ihm einen **Kondiktionsausschluss** bewirkt und er die Sache nicht mehr herausgeben muss. Der Bereicherungsgläubiger ist auf den unberechtigt Verfügenden zu verweisen, der ihm zur Herausgabe des durch die Verfügung Erlangten verpflichtet ist.

! ***Aufbauhinweis:*** *Die Eingriffskondiktion aus § 816 Abs. 1 S. 1 ist ein spezieller Fall der Eingriffskondiktion aus § 812 Abs. 1 S. 1 Var. 2 und damit stets vorher zu prüfen.*

Aufbauschema: § 816 Abs. 1 S. 1
1. Entgeltliche Verfügung eines Nichtberechtigten
2. Wirksamkeit der Verfügung gegenüber dem Berechtigten
3. Rechtsfolge: Herausgabe des durch die Verfügung Erlangten (h.M. Erlösherausgabe)

1. „Entgeltliche Verfügung eines Nichtberechtigten"

Eine **Verfügung** liegt vor, wenn ein bestehendes Recht aufgehoben, übertragen, belastet oder inhaltlich verändert wird.

Nichtberechtigter ist derjenige, der – ohne dazu befugt zu sein – über ein fremdes Recht im eigenen Namen verfügt; also derjenige, der **weder verfügungsbefugter Eigentümer noch verfügungsbefugter Nichteigentümer** ist. Die **Verfügungsbefugnis** kann sich hierbei **aus Gesetz**, z.B. § 2205 S. 1 (Testamentsvollstrecker), § 80 Abs. 1 InsO (Insolvenzverwalter) **oder aus Rechtsgeschäft** aufgrund vorheriger Zustimmung des Berechtigten i.S.d. § 185 Abs. 1 ergeben.

Der Verfügung muss ein **entgeltliches Verpflichtungsgeschäft** zugrunde liegen. Dies wird aus einem Umkehrschluss zu § 816 Abs. 1 S. 2 gefolgert, der nach seinem Wortlaut eine „unentgeltliche Verfügung" – gemeint ist ein unentgeltliches Verpflichtungsgeschäft – voraussetzt.

2. „Wirksamkeit der Verfügung gegenüber dem Berechtigten"

Ferner muss die Verfügung **gegenüber dem Berechtigten wirksam** sein.

Ob dies der Fall ist, beurteilt sich nach den **Vorschriften über den gutgläubigen Erwerb vom Nichtberechtigten <u>oder</u> die nachträgliche Verfügungsgenehmigung durch den Berechtigten**.

Beispiel: A hat B während des Trainings seinen Handball (Wert: 30 €) geliehen, den B – von A unbemerkt – mit nach Hause nimmt und Tage später an den ahnungslosen C für 50 € verkauft und anschließend übereignet.

B hat über das Eigentum an dem Handball des A verfügt, indem er es als Nichtberechtigter gemäß § 929 S. 1 auf den C übertragen hat. Die den Anspruch des A gegen B nach **§ 816 Abs. 1 S. 1** auslösende **Verfügung** ist hierbei nicht in dem Abschluss des Kaufvertrags zwischen B und C, sondern erst in der Übereignung, welche B im eigenen Namen zugunsten des C gemäß § 929 S. 1 vorgenommen hat, zu sehen **(Abstraktionsprinzip)**.

Ob die Verfügung, hier also die Übereignung B an C, A gegenüber wirksam ist, richtet sich nach den §§ 932 ff. Greifen die Gutglaubensvorschriften, wie hier im Falle des § 935, nicht ein, so kann der Berechtigte die Verfügung **genehmigen** (§ 185 Abs. 2) und damit die Verfügung wirksam machen. Obwohl die Genehmigung nach § 184 Abs. 1 rückwirkende Kraft hat, wird dadurch der Nichtberechtigte nicht zum Berechtigten, sondern lediglich seine Verfügung wird i.S.d. § 816 Abs. 1 wirksam.

In der Geltendmachung des Anspruchs nach § 816 Abs. 1 dürfte jedoch regelmäßig eine **konkludente Genehmigung** der Verfügung zu sehen sein.

! Beachte:
Der Anspruchsteller des § 816 Abs. 1 S. 1 kann auch eine zunächst unwirksame Verfügung durch eine **Genehmigung nach § 185 Abs. 2 S. 1** nachträglich wirksam machen kann, um auf diese Weise erst die Voraussetzungen für seinen Bereicherungsanspruch zu schaffen.

3. Rechtsfolge: „Herausgabe des durch die Verfügung Erlangten"

Der Berechtigte kann nur dann die Herausgabe i.S.d. § 816 Abs. 1 S. 1 verlangen, wenn der Verfügende **„etwas aus der Verfügung erlangt"** hat.

Problematisch ist, dass der Verfügende aus seiner Verfügung eigentlich keinen unmittelbaren Vermögensvorteil erlangt, da er ja ein Recht aufhebt, überträgt, belastet oder inhaltlich verändert (im obigen Beispiel hat B aus seiner Verfügung, also der von ihm vorgenommenen Übereignung an C nichts erlangt; daraus hätte nur C etwas erlangt, nämlich das Eigentum am Handball, wenn dieser dem A nicht gemäß § 935 abhandengekommen wäre). Den Vermögensvorteil erlangt der Verfügende erst durch die Gegenverfügung (im vorgenannten Beispiel die Übereignung des Kaufpreises von C an B).

Ob der Vermögensvorteil der Gegenverfügung, das sog. **commodum ex negotiatione**, unter § 816 Abs. 1 S. 1 fällt, ist umstritten.

a) Nach der **„Wertherausgabetheorie"** erlangt der Verfügende nur die **Befreiung von einer Verbindlichkeit** (im obigen Beispiel erlangt B danach die Befreiung von seiner Übereignungspflicht aus dem Kaufvertrag mit C gemäß § 433 Abs. 1 S. 1; da diese nicht in Natur herausgegeben werden kann, ist von B gemäß § 818 Abs. 2 Wertersatz für den Handball [Wert 30 €] zu leisten).

b) Nach der herrschenden **„Gewinnherausgabetheorie"** hat der Verfügende mit Blick auf die dem verfügungsbefugten Eigentümer allein zustehende Möglichkeit der gewinnbringenden Verwertung der Sache und mit Blick auf die systematische Auslegung des § 816 Abs. 1 auch **das höhere Entgelt, also den Erlös für die Sache**, herauszugeben (im vorgenannten Beispiel muss B danach den tatsächlich erzielten Kaufpreis für den Handball (50 €) an A herausgeben).

Weitere Einzelheiten finden Sie im AS-Skript Schuldrecht BT 3 (2019), Rn. 200 ff., sowie im AS-Fälle Schuldrecht BT 3 (2019), S. 61 ff.

II. Die Durchgriffskondiktion gegen den unentgeltlichen Empfänger (bei Verfügung eines Nichtberechtigten), § 816 Abs. 1 S. 2

Im Hinblick darauf, dass der Nichtberechtigte aufgrund einer von ihm vorgenommenen Verfügung, die auf einem unentgeltlichen Verpflichtungsgeschäft basiert, nie einen Vermögensvorteil vom Erwerber erlangt, muss sich der Berechtigte an den Erwerber halten, obwohl dieser nach den Regeln des gutgläubigen Erwerbs den Bereicherungsgegenstand dinglich wirksam erworben hat. Daher regelt die Durchgriffskondiktion des § 816 Abs. 1 S. 2, dass der Bereicherungsgläubiger von dem **unentgeltlich bereicherten Erwerber** die Sache herausverlangen kann, obwohl dieser Eigentümer der Sache geworden ist.

Aufbauschema: § 816 Abs. 1 S. 2
1. Unentgeltliche Verfügung eines Nichtberechtigten
2. Wirksamkeit der Verfügung gegenüber dem Berechtigten
3. Rechtsfolge: Herausgabe des durch die Verfügung Erlangten

Im Unterschied zu § 816 Abs. 1 S. 1 muss es sich bei dieser Durchgriffskondiktion um eine **unentgeltliche Verfügung** handeln. **Unentgeltlichkeit** liegt dann vor, wenn der Empfänger weder eine Gegenleistung erbracht hat noch erbringen muss.

Weitere Einzelheiten finden Sie im AS-Skript Schuldrecht BT 3 (2019), Rn. 207 ff.

III. Die Eingriffskondiktion gegen den nichtberechtigten Empfänger, § 816 Abs. 2

Die Eingriffskondiktion des § 816 Abs. 2 ist immer dann einschlägig, wenn an einen Nichtberechtigten eine Leistung bewirkt wird, die dem Berechtigten gegenüber wirksam ist.

! **Merke:** § 816 Abs. 2 greift dann ein, wenn jemand an den Falschen geleistet hat.

Aufbauschema: § 816 Abs. 2
1. **Leistung an einen Nichtberechtigten**
2. **Wirksamkeit der Leistung gegenüber dem Berechtigten**
3. **Rechtsfolge: Herausgabe des durch die Leistung Erlangten = des Geleisteten** (h.M. Erlösherausgabe)

Der **Zweck** dieser Vorschrift besteht darin, dem Inhaber einer Forderung, die unberechtigt von einem Dritten eingezogen wurde, einen Ausgleich zu verschaffen, wenn der Schuldner aufgrund schuldnerschützender Vorschriften gegenüber dem Forderungsinhaber frei geworden ist.

Damit ist die Eingriffskondiktion des § 816 Abs. 2 im Ergebnis auf **drei Fallgruppen** zugeschnitten:

- bei **Leistung an den bisherigen Gläubiger** und dem damit verbundenen **Schuldnerschutz nach § 407**,
- bei **Leistung an einen Nichtberechtigten i.S.d. § 851**,
- bei **unwirksamer Leistung an den Nichtberechtigten, die später gemäß § 185 Abs. 2 vom Berechtigten genehmigt** wird.

! **Beachte:** In der Geltendmachung des Anspruchs nach § 816 Abs. 2 dürfte regelmäßig eine **konkludente Genehmigung** der Leistung zu sehen sein.

Beispiel: Zedent Z hat eine ihm gegen den Schuldner S zustehende Forderung an den Zessionar G gemäß § 398 abgetreten. Auf die Aufforderung des Z leistet S, der von der Abtretung nichts weiß, an Z. Hat G gegen Z einen Anspruch aus § 816 Abs. 2 auf Herausgabe des Erlangten?

Da G als neuer Gläubiger (Zessionar) aufgrund der wirksamen Forderungsabtretung nach § 398 Inhaber der Forderung war, hat S versehentlich an den Falschen geleistet. S wurde nicht nach § 362 Abs. 1 von seiner Leistungspflicht durch Erfüllung befreit; er hat die Leistung nicht an den richtigen Gläubiger G bewirkt. Allerdings greift aufgrund fehlender Kenntnis von der Abtretung zu seinen Gunsten die Schuldnerschutzvorschrift des **§ 407 Abs. 1** ein, sodass die Leistung des S an den alten Gläubiger (Zedent) Z gegenüber G wirksam geworden ist. Mithin hat G gegen Z einen Herausgabeanspruch aus § 816 Abs. 2.

Weitere Einzelheiten finden Sie im AS-Skript Schuldrecht BT 3 (2019), Rn. 208 ff., sowie im AS-Fälle Schuldrecht BT 3 (2019), S. 66 f.

IV. Die Durchgriffskondiktion gegen den unentgeltlichen Empfänger (bei Verfügung eines Berechtigten), § 822

! Beachte:
Bei **§ 816 Abs. 1 S. 2** verfügt ein **Nichtberechtigter**, bei **§ 822** verfügt ein **Berechtigter** (beides Fälle der Durchgriffskondiktion).

Für die **Durchgriffskondiktion des § 822** muss ein **Dritter aufgrund** einer **Verfügung**, die auf einem **unentgeltlichen Verpflichtungsgeschäft** basiert, wirksam einen **Vermögensvorteil von demjenigen erlangt** haben, **der** seinerseits den **Vermögensvorteil vom Anspruchsteller ohne rechtlichen Grund erlangt** hat <u>**und**</u> diesem gegenüber nach § 818 Abs. 3 **entreichert** ist.

Die Kondiktion aus § 822 soll also einen Ausgleich für den Fall schaffen, dass ein zwar Berechtigter (im Unterschied zu § 816 Abs. 1 S. 2), aber rechtsgrundloser Zwischenerwerber unentgeltlich das Erlangte einem Dritten zugewandt hat (**Ausfallhaftung**). Für § 822 ist daher stets ein Mehrpersonenverhältnis erforderlich.

Aufbauschema: § 822

1. **Bereicherungsrechtlicher Ausgleichsanspruch des Anspruchstellers gegenüber dem „Ersterwerber"**
2. **Unentgeltliche Verfügung des „Ersterwerbers" zugunsten des Anspruchsgegners (Dritter)**
3. **Enthaftung des Ersterwerbers gegenüber dem Anspruchsteller aufgrund von Entreicherung nach § 818 Abs. 3**

Beispiel: A veräußert seine Stereoanlage an B. Der Kaufvertrag zwischen A und B nach § 433 ist nichtig, die Übereignung nach § 929 S. 1 jedoch wirksam (Abstraktionsprinzip!). B übereignet die Anlage schenkweise an seine Freundin C. Kann A von C die Herausgabe der Anlage verlangen?

Anspruchsteller A hat aus § 812 Abs. 1 S. 1 Var. 1 einen bereicherungsrechtlichen Ausgleichsanspruch gegenüber B, der die Stereoanlage rechtsgrundlos erlangt hat. Ersterwerber B hat die Anlage unentgeltlich an C übereignet und ist infolgedessen gegenüber A nach § 818 Abs. 3 (Wegfall der Bereicherung) frei geworden, da der erlangte Vermögensvorteil wertmäßig nicht mehr in seinem Vermögen vorhanden ist. Da das Gesetz von der fehlenden Schutzbedürftigkeit des unentgeltlichen Erwerbers ausgeht (Parallelfall § 816 Abs. 1 S. 2), kann A von C die Herausgabe gemäß § 822 verlangen.

Weitere Einzelheiten finden Sie im AS-Skript Schuldrecht BT 3 (2019), Rn. 212 f., sowie im AS-Fälle Schuldrecht BT 3 (2019), S. 68.

Check zu den Nichtleistungskondiktionen

1. Was ist für die Anwendbarkeit der allgemeinen Nichtleistungskondiktion aus § 812 Abs. 1 S. 1 Var. 2 (in Abgrenzung zu den Leistungskondiktionen) das entscheidende Kriterium?

1. Für die Anwendbarkeit der allgemeinen Nichtleistungskondiktion ist entscheidend, dass der Bereicherte den Vermögensvorteil nicht durch Leistung erlangt hat. Hieraus leitet man den Grundsatz vom Vorrang der Leistungsbeziehung ab, sodass die Nichtleistungskondiktion subsidiär ist, sobald der Bereicherte den streitigen Bereicherungsgegenstand durch die Leistung irgendeiner Person erlangt hat.

2. Welche Unterfälle hat die allgemeine Nichtleistungskondiktion aus § 812 Abs. 1 S. 1 Var. 2 und in welchem Verhältnis stehen diese zu den besonderen Nichtleistungskondiktionen?

2. Der allgemeinen Nichtleistungskondiktion nach § 812 Abs. 1 S. 1 Var. 2 unterfällt je nach der Art des Zustandekommens der Bereicherung die Eingriffs-, die Verwendungs- (Aufwendungs-) und die Rückgriffskondiktion. Die besonderen Nichtleistungskondiktionen aus §§ 816 Abs. 1 S. 1, 816 Abs. 1 S. 2, 816 Abs. 2 und 822 sind spezieller als der Grundtatbestand des § 812 Abs. 1 S. 1 Var. 2.

3. Wer ist Nichtberechtigter i.S.d. § 816 Abs. 1 S. 1?

3. Nichtberechtigter ist derjenige, der – ohne dazu befugt zu sein – über ein fremdes Recht im eigenen Namen verfügt; also derjenige, der weder verfügungsbefugter Eigentümer noch verfügungsbefugter Nichteigentümer ist. Die Verfügungsbefugnis kann sich hierbei aus Gesetz oder aus Rechtsgeschäft aufgrund vorheriger Zustimmung des Berechtigten i.S.d. § 185 Abs. 1 ergeben.

4. Welcher Unterschied besteht zwischen § 816 Abs. 1 S. 1 und § 816 Abs. 1 S. 2?

4. Im Unterschied zu § 816 Abs. 1 S. 1 muss es sich bei der Durchgriffskondiktion des § 816 Abs. 1 S. 2 um eine unentgeltliche Verfügung handeln. Unentgeltlichkeit liegt dann vor, wenn der Empfänger weder eine Gegenleistung erbracht hat noch erbringen muss.

5. Welcher Unterschied besteht zwischen den Durchgriffskondiktionen aus § 816 Abs. 1 S. 2 und § 822?

5. Bei § 816 Abs. 1 S. 2 verfügt ein Nichtberechtigter, bei § 822 verfügt ein Berechtigter.

6. Auf welche Fallgruppen ist die Eingriffskondiktion des § 816 Abs. 2 zugeschnitten?

6. Die Eingriffskondiktion des § 816 Abs. 2 greift insbesondere ein bei Leistung an den bisherigen Gläubiger und dem damit verbundenen Schuldnerschutz nach § 407, bei Leistung an einen Nichtberechtigten i.S.d. § 851 und bei unwirksamer Leistung an den Nichtberechtigten, die später gemäß § 185 vom Berechtigten genehmigt wird. Generell wird somit an eine eigentlich „falsche" Person geleistet; diese Leistung hat aber zulasten des Berechtigten Wirkung.

5. Abschnitt: Die bereicherungsrechtlichen Gegennormen

A. Ausschlusstatbestände gegenüber einzelnen Leistungskondiktionen

I. § 814

Nach dem Wortlaut des § 814 kann das zum Zwecke der **Erfüllung einer** (vermeintlichen) **Verbindlichkeit** Geleistete nicht zurückgefordert werden, wenn der **Leistende gewusst hat, dass er zur Leistung nicht verpflichtet** war, oder wenn die Leistung einer **sittlichen Pflicht** (z.B. rechtsgrundlose Zahlung von Unterhalt an arme Angehörige) oder einer auf den **Anstand zu nehmenden Rücksicht** (z.B. Zahlung üblicher Trinkgelder) entsprach. Die Vorschrift ist somit nur auf die Leistungskondiktion nach § 812 Abs. 1 S. 1 Var. 1 und § 813 anwendbar.

Die Kondiktionssperre des § 814 ist damit eine spezielle Ausprägung des Verbots widersprüchlichen Verhaltens (venire contra factum proprium). Insofern ist „gewusst hat“ in § 814 eng auszulegen und bedeutet, dass dem Leistenden das **Fehlen des Rechtsgrundes im Zeitpunkt der Leistung positiv bekannt** war. Der Leistende muss also Tatsachen- und Rechtsfolgenkenntnis gehabt haben.

§ 814 ist eine spezielle Ausprägung des Verbots „venire contra factum proprium“!

Hierbei ist insbesondere die Vorschrift des § 142 Abs. 2 zu beachten. Danach wird derjenige, der die Anfechtbarkeit eines Rechtsgeschäfts kannte, so behandelt, als habe er auch die Nichtigkeit gekannt. Es scheint daher so, als greife dann § 814 ein, der von seinem Wortlaut her ja auch passt. Dies ist letztlich aber mit dem Sinn und Zweck von § 814, der widersprüchliches Verhalten sanktionieren will („venire contra factum proprium“), jedoch dann nicht zu vereinbaren, wenn nur der Leistungsempfänger anfechten kann, er dies aber noch nicht bei der Vornahme der Leistung durch den Anfechtungsgegner gemacht hat.

Beispiel: V verkauft K ein altes Pferd, das schwer erkrankt ist, was V auch weiß. Auf Nachfrage des K, ob das Pferd gesund sei, erklärt V, er wüsste von keinen Erkrankungen. K zahlt daher den Kaufpreis i.H.v. 7.000 € an V. Nachdem K von den Krankheiten erfährt, ficht er den Vertrag an. V verlangt daraufhin nach Rückzahlung des Kaufpreises das Pferd heraus.

Aufgrund der Nichtigkeit des Kaufvertrages nach §§ 142 Abs. 1, 123 Abs. 1 hat V einen Anspruch auf Herausgabe des Pferdes aus § 812 Abs. 1 S. 1 Var. 1. Dieser könnte aber nach § 814 ausgeschlossen sein, weil er nach § 142 Abs. 2 so behandelt wird, als habe er von der Nichtigkeit des Vertrages Kenntnis gehabt.

! Beachte:
Kann nicht der Leistende, sondern **nur der Leistungsempfänger anfechten** und hat er sein Anfechtungsrecht im Zeitpunkt der Leistung noch nicht ausgeübt, greift **§ 814 nicht** ein!

§ 814 setzt jedoch von Wortlaut und Sinn und Zweck schon objektiv voraus, dass der Leistende bei Vornahme der Leistung nicht verpflichtet war. Hier hatte K das Geschäft aber noch nicht angefochten, sodass im Leistungszeitpunkt V verpflichtet war. Nur wegen der Rückwirkungsfiktion des § 142 Abs. 1 ist diese Pflicht ex tunc entfallen. Diese kann jedoch bei § 814 aus o.g. Gründen nicht beachtet werden.

Weitere Einzelheiten finden Sie im AS-Skript Schuldrecht BT 3 (2019), Rn. 128 ff.

II. § 815

Die Kondiktionssperre des **§ 815 ist nur auf die condictio ob rem** nach § 812 Abs. 1 S. 2 Var. 2 **anwendbar** und greift lediglich in zwei Fallgruppen ein:

- bei anfänglicher Unmöglichkeit des erstrebten Erfolgseintritts und gleichzeitiger positiver Kenntnis des Leistenden hiervon,
- bei treuwidriger Vereitelung des Erfolgseintritts durch den Leistenden nach § 242.

Beispiel: M macht F im Hinblick auf die bevorstehende Hochzeit teure Hochzeitsgeschenke und verhindert dann selbst treuwidrig die Eheschließung.

M kann die Geschenke nicht aus § 812 Abs. 1 S. 2 Var. 2 wegen Zweckverfehlung herausverlangen, da er als der Leistende den Eintritt des Erfolgs wider Treu und Glauben verhindert hat und daher die Kondiktionssperre des § 815 greift.

Weitere Einzelheiten finden Sie im AS-Skript Schuldrecht BT 3 (2019), Rn. 192 f.

B. Ausschlusstatbestand gegenüber allen Leistungskondiktionen, § 817 S. 2

Nach § 817 S. 2 ist die Rückforderung ausgeschlossen, wenn dem Leistenden gleichfalls, also genauso wie dem Leistungsempfänger, ein Gesetzes- oder Sittenverstoß zur Last gelegt werden kann.

Der objektive Verstoß reicht hierfür nach einhelliger Ansicht jedoch nicht aus, vielmehr müssen die Parteien **Kenntnis vom Gesetzes- oder Sittenverstoß** haben oder sich der **Kenntnis leichtfertig verschließen**.

Dem Wortlaut nach bezieht sich § 817 S. 2 nur auf die Leistungskondiktion des § 817 S. 1, deren Anwendungsbereich aber gering ist (s.o. S. 34). Entgegen des Wortlauts wendet die herrschende Auffassung **§ 817 S. 2 analog** auf **alle anderen Leistungskondiktionen** an, und zwar **„erst recht"**, wenn **ausschließlich dem Leistenden ein (bewusster) Gesetzes- oder Sittenverstoß** zur Last gelegt werden kann.

Beispiel: Die B-Bank gewährt A einen Kredit über 40.000 € für 12 Monate zu einem effektiven Jahreszins von 60 %. K verweigert die Rückzahlung mit dem (zutreffenden) Hinweis, der Vertrag sei gemäß § 138 Abs. 2 wegen Wuchers nichtig, wovon er – im Unterschied zur B-Bank – bei Vertragsschluss aber keine Kenntnis gehabt habe. Muss A das Darlehen zurückzahlen?

Ein vertraglicher Rückzahlungsanspruch aus § 488 Abs. 1 S. 2 steht der B-Bank wegen § 138 Abs. 2 nicht zu.

In Betracht kommt aber ein bereicherungsrechtlicher Ausgleichsanspruch der B-Bank aus § 812 Abs. 1 S. 1 Var. 1, der hier jedoch nach § 817 S. 2 analog ausgeschlossen sein könnte. Da ausschließlich der leistenden B-Bank ein (bewusster) Gesetzesverstoß nach § 134 i.V.m. § 291 Abs. 1 Nr. 2 StGB zur Last gelegt werden kann, greift § 817 S. 2 analog ein. Zu beachten ist hinsichtlich der Rechtsfolge, dass § 817 S. 2 (analog) nicht die Rückforderung des Darlehens an sich ausschließt, sondern nur die Rückforderung „des Geleisteten". D.h., dass die erbrachte Leistung, die **endgültig** im Vermögen des Empfängers verbleiben soll, nicht zurückgefordert werden kann. Die „Leistung" eines Darlehensgebers besteht jedoch nur in der zeitweiligen Überlassung **der Nutzungsmöglichkeit** des Geldes. Somit schließt § 817 S. 2 (analog) nur die Rückforderung des Darlehens **vor Ablauf der vereinbarten Nutzungszeit** (hier 12 Monate) aus. Die B-Bank erhält somit ihr Geld erst nach Ablauf von 12 Monaten aus § 812 Abs. 1 S. 1 Var. 1 zurück.

§ 817 S. 2 (analog) führt bei Wucher oder wucherähnlichen Geschäften nur dazu, dass die kreditierte Leistung nicht vor Ablauf der vereinbarten Nutzungszeit zurückgefordert werden kann.

Es gilt aber zu beachten, dass nach nahezu einhelliger Auffassung **§ 817 S. 2 einschränkend auszulegen** ist, soweit das Verbotsgesetz vor allem dem Schutz des Leistenden dient oder wenn die Aufrechterhaltung des verbotswidrig geschaffenen Zustandes mit Sinn und Zweck des Verbotsgesetzes unvereinbar ist.

Eine derartige, einschränkende Auslegung des § 817 S. 2 Hs. 1 hat die Rspr. früher vorgenommen bei Leistungen innerhalb eines Vertrages, der wegen Verstoßes gegen das **Schwarzarbeitsbekämpfungsgesetz** nach §§ 134, 138 Abs. 1 unwirksam ist. Dem Besteller sollte so kein unbilliger Vorteil entstehen. Diese Rspr. ist mittlerweile aufgegeben worden: Schwarzarbeit soll gerade durch die Anwendung der Kondiktionssperre verhindert werden, indem die Parteien bei derartigen nichtigen Verträgen stets das Risiko haben, in Vorleistung zu treten und weder Gegenleistungsansprüche durchsetzen noch eigene Bereicherungsansprüche für erbrachte Leistungen geltend machen zu können. Das gilt auch für rechtsgrundlos erbrachte Werklohnleistungen. Selbst ein zunächst nicht gegen ein gesetzliches Verbot verstoßender Werkvertrag kann auch dann nach § 134 i.V.m. § 1 Abs. 2 Nr. 2 SchwarzArbG nichtig sein, wenn er nachträglich so abgeändert wird, dass er dann von dem Verbot des § 1 Abs. 2 Nr. 2 SchwarzArbG erfasst wird.

Weitere Einzelheiten finden Sie im AS-Skript Schuldrecht BT 3 (2019), Rn. 132 ff., 199, sowie im AS-Fälle Schuldrecht BT 3 (2019), S. 76 ff.

Gegennormen nur zu bestimmten Leistungskondiktionen	**Leistungskondiktionen**	**Nichtleistungskondiktionen**
§ 814	§ 812 Abs. 1 S. 1 Var. 1	§ 812 Abs. 1 S. 1 Var. 2
	§ 812 Abs. 1 S. 2 Var. 1	§ 816 Abs. 1 S. 1
§ 815	§ 812 Abs. 1 S. 2 Var. 2	§ 816 Abs. 1 S. 2
§ 813 Abs. 2	§ 813 Abs. 1 S. 1	§ 816 Abs. 2
	§ 817 S. 1	§ 822

Gegennorm zu allen Leistungskondiktionen: § 817 S. 2 (analog)

Check zu den bereicherungsrechtlichen Gegennormen

1. Wie ist die Kenntnis des Leistenden bei der Kondiktionssperre des § 814 auszulegen? Wann wusste der Leistende, dass er zur Leistung nicht verpflichtet war?

1. Das Merkmal der Kenntnis („gewusst hat") ist in § 814 eng auszulegen und bedeutet, dass dem Leistenden das Fehlen des Rechtsgrundes im Zeitpunkt der Leistung positiv bekannt gewesen sein muss. Die (grob) fahrlässige Unkenntnis („hätte wissen können") von der Leistungsverpflichtung reicht demgemäß nicht aus. Der Leistende muss Tatsachen- und Rechtsfolgenkenntnis gehabt haben.

2. Welche Ausschlusstatbestände sind auf die Leistungskondiktion wegen des Nichteintritts des bezweckten Erfolgs gemäß § 812 Abs. 1 S. 2 Var. 2 anwendbar?

2. Die Leistungskondiktion aus § 812 Abs. 1 S. 2 Var. 2 kann durch § 815 ausgeschlossen werden, der für andere Kondiktionen nicht gilt; ferner durch § 817 S. 2 (analog), der bei allen Leistungskondiktionen gilt. § 814 ist dagegen unanwendbar, da der Leistungszweck bei der condictio ob rem nicht in der Erfüllung einer Verbindlichkeit besteht.

3. Unter welchen Voraussetzungen und bei welchen Kondiktionen greift der Ausschlusstatbestand des § 817 S. 2 ein?

3. Nach dem Wortlaut des § 817 S. 2 ist Rückforderung ausgeschlossen, wenn dem Leistenden und dem Leistungsempfänger i.S.d. § 817 S. 1 ein Gesetzes- oder Sittenverstoß zur Last gelegt werden kann und beide Parteien Kenntnis vom Gesetzes- oder Sittenverstoß haben oder sich der Kenntnis leichtfertig verschließen. Über den Wortlaut des § 817 S. 2 hinaus wendet man § 817 S. 2 auch analog auf alle anderen Leistungskondiktionen an, und zwar „erst recht", wenn ausschließlich dem Leistenden ein (bewusster) Gesetzes- oder Sittenverstoß zur Last gelegt werden kann.

6. Abschnitt: Die Rechtsfolgen

Der Umfang des Bereicherungsausgleichs ist – entsprechend der Anspruchsgrundlagen der Leistungs- und Nichtleistungskondiktionen gemäß §§ 812 ff. – grundsätzlich erst einmal darauf gerichtet, das durch die Bereicherung Erlangte wieder herauszugeben und damit den Rechtszustand, der vor der Bereicherung bestand („status quo ante"), wiederherzustellen.

In den §§ 818 ff. sind die Ausnahmen hiervon und auch die übrigen Rechtsfolgen geregelt.

A. Der Grundsatz: Normaler Umfang der bereicherungsrechtlichen Haftung, §§ 812 ff.

I. Herausgabe des Erlangten

Grundsatz: Herausgabe des konkret erlangten Bereicherungsgegenstands nach den §§ 812 ff.

Sofern die Voraussetzungen für einen Bereicherungsausgleich nach den §§ 812 ff. gegeben sind, erstreckt sich die Herausgabepflicht des Bereicherten – soweit möglich – zunächst auf die Herausgabe des Erlangten in Natur (Naturalherausgabe).

Beispiel: Erlangt der Bereicherte nach § 812 Abs. 1 S. 1 Var. 1 nur den Besitz an einer Sache, so muss er diesen zurückübertragen. Die Herausgabe des erlangten „Etwas", also hier der Besitz, ist die unmittelbare Rechtsfolge von § 812, die dann ggf. um Nutzungen und Surrogate gemäß § 818 Abs. 1 erweitert werden kann. Hat er dagegen das Eigentum erworben, so ist er zur Rückübereignung (§§ 873, 925; 929 ff.) verpflichtet.

II. Ergänzung durch § 818 Abs. 1

! Beachte:
Ergänzung der Herausgabepflicht um Nutzungen und Surrogate gemäß § 818 Abs. 1

Nach § 818 Abs. 1 erstreckt sich die Herausgabepflicht aber auch auf die **gezogenen Nutzungen** und auf dasjenige, **was der Empfänger aufgrund eines erlangten Rechts** oder als **Ersatz** für die **Beschädigung, Zerstörung** oder **Entziehung** des erlangten Gegenstands erwirbt.

1. Nutzungen (Legaldefinition: § 100)

Nutzungen sind nach § 100 die **Früchte** und die **Gebrauchsvorteile** einer Sache oder eines Rechts.

Bei den Früchten unterscheidet man gemäß § 99 die **unmittelbaren Sachfrüchte (§ 99 Abs. 1)**, die **unmittelbaren Rechtsfrüchte (§ 99 Abs. 2)** und die **mittelbaren Sach- und Rechtsfrüchte (§ 99 Abs. 3)**.

Früchte i.S.d. § 99		Gebrauchsvorteile
Sachfrüchte	**unmittelbar, § 99 Abs. 1:** ▪ Erzeugnisse, z.B. geerntetes Obst ▪ Bestimmungsgemäße Ausbeute, z.B. Kiesgewinnung	**Ausübung** bzw. **Gebrauch** der mit der Innehabung einer Sache oder eines Rechts verbundenen Rechte z.B.: Benutzung eines rechtsgrundlos erworbenen Autos; Ausübung der Vorteile aus dem Stimmrecht eines Wohnungseigentümers
	mittelbar, § 99 Abs. 3 Var. 1: z.B. die Miete	
Rechtsfrüchte	**unmittelbar, § 99 Abs. 2:** z.B. Dividende an rechtsgrundlos erworbenen Aktien	
	mittelbar, § 99 Abs. 3 Var. 2	

2. Surrogate

Kann das Erlangte nicht mehr oder nicht mehr so wie ursprünglich erlangt herausgegeben werden, z.B. weil es gestohlen, zerstört oder beschädigt wurde, erstreckt **§ 818 Abs. 1** die Herausgabepflicht auch auf die Surrogate.

Dabei geht man davon aus, dass das sog. **„commodum ex negotiatione"** (s.o. S. 44), also der Vermögensvorteil, den der Bereicherungsschuldner **durch Rechtsgeschäft** über den Bereicherungsgegenstand erwirbt (z.B. der Kaufpreis bei Verkauf der rechtsgrundlos erlangten Sache), kein Surrogat i.S.d. § 818 Abs. 1 darstellt. Denn das „commodum ex negotiatione" wird nicht „aufgrund des erlangten Rechts" oder „als Ersatz für die Zerstörung, Beschädigung oder Entziehung des erlangten Gegenstands" erworben, sondern durch Vertrag. Zudem stellt § 818 Abs. 2 insoweit eine Sonderregelung dar, sodass in dem Fall, in dem durch Rechtsgeschäft die Herausgabe des ursprünglich erlangten Gegenstands unmöglich geworden ist, nicht das rechtsgeschäftlich Erlangte herauszugeben, sondern Wertersatz nach § 818 Abs. 2 zu leisten ist. Dies zeigt auch der Vergleich mit bzw. der Rückschluss aus den §§ 1418 Abs. 2 Nr. 3, 1473 Abs. 1, 1638 Abs. 2 und 2374. Der Wortlaut dieser Vorschriften, also die vom Gesetzgeber gewählte Formulierung, zeigt, in welchen Fällen das rechtsgeschäftliche Surrogat erfasst werden soll.

! Beachte:
Der Vermögensvorteil der Gegenverfügung, in der Regel der **Erlös** (sog. „commodum ex negotiatione") zählt **nicht** zu den Surrogaten i.S.d. **§ 818 Abs. 1**.

III. Die Wertersatzpflicht nach § 818 Abs. 2

! Beachte:
Wertersatz gemäß § 818 Abs. 2 bei Unmöglichkeit der Herausgabe des Erlangten nach den §§ 812 ff.

Nach § 818 Abs. 2 schuldet der Bereicherungsschuldner **Wertersatz** in Höhe des objektiven Werts, wenn die Herausgabe des Erlangten, der Nutzungen und Surrogate wegen deren Beschaffenheit oder aus sonstigen Gründen unmöglich ist.

Der maßgebliche **Zeitpunkt** für die Wertermittlung wird durch die **Entstehung des Kondiktionsanspruchs** bestimmt (nachträgliche – negative – Wertveränderungen sind „Entreicherung" i.S.d. § 818 Abs. 3).

Beispiel: Eine nach § 812 Abs. 1 S. 1 Var. 1 rechtsgrundlos in Anspruch genommene Dienstleistung kann nicht in natura herausgegeben werden. Es ist gemäß § 818 Abs. 2 Wertersatz zu leisten. Auch das nach § 812 Abs. 1 S. 1 Var. 1 rechtsgrundlos erworbene Auto, das durch einen Unfall vollkommen zerstört wird, kann nicht in natura herausgegeben werden. Es ist gemäß § 818 Abs. 2 Wertersatz zu leisten. Der Gebrauchsvorteil (§ 818 Abs. 1), den man aus der Nutzung des rechtsgrundlos erworbenen Autos hat ziehen können, kann nicht in natura ersetzt werden. Es ist nach § 818 Abs. 2 der Wert, den die Nutzung eines entsprechenden Autos in der Nutzungszeit hat, zu ersetzen.

Nach h.M. ist mit „Wert" der objektive (Verkehrs-)Wert gemeint. Ob eine Bereicherung für den Bereicherungsschuldner subjektiv von Wert ist, soll bei § 818 Abs. 2 außer Betracht bleiben. Dies ist insbesondere bei der Aufwendungskondiktion problematisch, wenn dem Bereicherten die Bereicherung geradezu **„aufgedrängt"** wird. Gleichwohl wird überwiegend bei § 818 Abs. 2 eine objektive Betrachtung vorgezogen. Die Frage, ob der „Bereicherte" die Bereicherung auch für sich als Wert nutzen könne, sei eine Frage des § 818 Abs. 3.

IV. Der Wegfall der Bereicherung, § 818 Abs. 3

Durch das Bereicherungsrecht soll in Abgrenzung zum Schadensrecht nur eine Bereicherung abgeschöpft werden, nicht aber ein Nachteil ausgeglichen werden.

Die zentrale bereicherungsrechtliche Haftungsbegrenzung, also gewissermaßen der „oberste Grundsatz im Bereicherungsrecht" ist der Wegfall der Bereicherung nach § 818 Abs. 3. Danach soll der (nicht verschärft) haftende Bereicherungsschuldner nur herausgeben bzw. dem Werte nach ersetzen, was in seinem Vermögen noch an ungerechtfertigter Bereicherung auszumachen ist.

Der Entreicherungseinwand des **§ 818 Abs. 3 gilt für alle Anspruchsgrundlagen** des Bereicherungsrechts und stellt dogmatisch eine Einwendung dar, die stets **von Amts wegen** berücksichtigt wird. Durch § 818 Abs. 3 wird also der **Umfang eines jeden Bereicherungsanspruchs** bestimmt; d.h., § 818 Abs. 3 wirkt sich auf der Rechtsfolgenseite der bereicherungsrechtlichen Ansprüche aus und lässt die Bereicherung, die an sich beim Bereicherungsschuldner gegeben ist, entfallen.

Ein solcher Wegfall der Bereicherung **kann** sich insbesondere dann ergeben, wenn:

- der Gegenstand der Herausgabepflicht **ersatzlos** aus dem Vermögen des Bereicherungsschuldners ausscheidet, also wertmäßig (inkl. Nutzungen und Surrogaten) nicht mehr in seinem Vermögen vorhanden ist, und er auch keine eigenen Aufwendungen (übermäßige Aufwendungen, sog. Luxusaufwendungen, bleiben außer Betracht) erspart hat,
- der Gegenstand der Herausgabepflicht zwar im Vermögen des Bereicherungsschuldners verbleibt, er aber im Vertrauen auf die Beständigkeit seines Erwerbs **nutzlose Aufwendungen** tätigt, **sonstige Vermögenseinbußen** erleidet oder **vermögensmindernde Leistungen an Dritte** erbringt

  oder
- eine aufgedrängte Bereicherung vorliegt.

a) Beispiel (zum ersatzlosen Wegfall des Erlangten):

A übereignet rechtsgrundlos ein wertvolles Bild an B, das B umgehend für viel Geld an C weiterverkauft und sodann übereignet.

Bei **entgeltlicher Weitergabe** keine ersatzlose Entreicherung (§ 818 Abs. 3).

A kann von B gemäß §§ 812 Abs. 1 S. 1 Var. 1, 818 Abs. 2 Wertersatz für das Bild (nicht den Erlös, da das commodum ex negotiatione nicht von § 818 Abs. 1 erfasst ist; s.o. S. 55) verlangen, da B durch den von C gezahlten Kaufpreis noch bereichert ist. Denn selbst wenn das erlangte Bild „in Natur" bei B nicht mehr vorhanden ist, so ist er durch den von C erlangten Kaufpreis (Äquivalent) immer noch bereichert. Auf den Entreicherungseinwand des § 818 Abs. 3 kann B sich nicht berufen.

Sollte B nicht nur rechtsgrundlos, sondern auch unberechtigt verfügt haben, haftet er gemäß § 816 Abs. 1 S. 1 auf Erlösherausgabe; § 818 Abs. 3 gilt auch für die Nichtleistungskondiktionen.

b) Beispiel (zu nutzlosen Aufwendungen und sonstigen Vermögenseinbußen):

Bei sonstigen **Vermögensnachteilen** in Zusammenhang mit der Bereicherung (z.B. nutzlose Aufwendungen) liegt in der Regel eine Entreicherung vor.

Hobbyreiter K hat von Pferdehändler R einen Hengst erworben. Über den Kaufpreis hat K einen Verrechnungsscheck ausgestellt, den R aus Zeitmangel noch nicht bei seiner Bank eingereicht hat. Kurz nach dem Kauf tritt der Hengst gegen die Stalltür. Da der Hengst kurz darauf erkrankt, entstehen K auch noch Tierarztkosten. Nunmehr stellt sich der Kaufvertrag als nichtig heraus. Daraufhin verlangt R von K Herausgabe des Pferdes. K, der den Verrechnungsscheck inzwischen hat sperren lassen, ist dazu nur gegen Erstattung der Futterkosten, der Tierarztkosten und der Kosten für die neue maßgeschneiderte Pferdedecke und seines Schadens bereit. Kann R von K die uneingeschränkte Herausgabe des Pferdes verlangen?

Ein Anspruch auf Herausgabe des Hengstes aus **§ 985** steht R nicht zu, da die Nichtigkeit des Kaufvertrags das Übereignungsgeschäft nach § 929 S. 1 unberührt lässt (Abstraktionsprinzip) und daher K wirksam Eigentum und Besitz am Hengst erworben hat.

Mangels Bestehens eines Rechtsgrundes für den Eigentums- und Besitzerwerb, hat R jedoch einen Herausgabeanspruch nach **§ 812 Abs. 1 S. 1 Var. 1**. Allerdings führen **gewisse Vermögensnachteile** des Bereicherungsschuldners zu dessen Entreicherung nach § 818 Abs. 3, wenn der erlangte Gegenstand noch in seinem Vermögen vorhanden ist. Umstritten ist, welche Nachteile bei § 818 Abs. 3 zu berücksichtigen sind.

Nach der vor allem von der **Rspr.** vertretenen **„Kausalitätstheorie"** müssen alle Nachteile berücksichtigt werden, die durch die ungerechtfertigte Bereicherung adäquat verursacht worden sind. Danach wären alle Nachteile, die K entstanden sind, bei der Rückabwicklung zu berücksichtigen. Also müsste mangels einer Verrechnungsmöglichkeit das Pferd Zug um Zug gegen Erstattung aller Kosten des K herausgeben werden.

Schäden, die durch den Bereicherungsgegenstand entstanden sind, werden **nicht ersetzt**.

Die überwiegend in der **Lit.** vertretene **„Vertrauenstheorie"** berücksichtigt bei der bereicherungsrechtlichen Rückabwicklung hingegen nicht alle Vermögensnachteile, sondern nur solche, die dem Erwerber entstanden sind, weil er auf die Rechtsbeständigkeit des Erwerbs vertraut hat. Dabei ist ggf. auch zu berücksichtigen, wer das sog. **Entreicherungsrisiko** nach den Vorschriften über das fehlgeschlagene Geschäft oder nach der (nichtigen) Vereinbarung der Parteien tragen soll. Hiernach dürfte K also die Herausgabe lediglich von der Erstattung der nutzlosen Aufwendungen (Pferdedecke) und sonstigen Vermögenseinbußen (Tierarzt- und Fütterungskosten), nicht aber von Schäden an der Stalltür abhängig machen, da diese Schäden nicht deswegen entstanden sind, weil K auf die Rechtsbeständigkeit des Erwerbs vertraut hat.

Der **Vertrauenstheorie ist zu folgen**, weil § 818 Abs. 3 den Bereicherungsschuldner deswegen schützen will, weil er im Vertrauen auf die Rechtsbeständigkeit des Erwerbs gewisse Vermögensdispositionen getroffen hat. Die Kausalitätstheorie führt zu einer unbilligen Verschiebung des allgemeinen Lebensrisikos. Schließlich besteht der Zweck des § 818 Abs. 3 darin, den redlichen Bereicherungsschuldner davor zu schützen, dass ihm bei der Vornahme des Bereicherungsausgleichs Vermögensnachteile verbleiben.

Auch wenn sich § 818 Abs. 3 dem Grunde nach nur auf den Umfang des Bereicherungsanspruchs auswirkt und den Anspruch ggf. reduziert, wird er hier zu einer Einrede, weil die Entreicherung nicht gleichartig mit dem Bereicherungsanspruch ist.

Also kann R von K die Herausgabe des Pferdes Zug um Zug gegen Erstattung der Tierarzt- und Fütterungskosten sowie der Kosten für die Pferdedecke verlangen.

c) Beispiel (zu vermögensmindernden Leistungen an Dritte):

D stiehlt dem Bauern E zwei Jungbullen und veräußert sie für 1.000 € an den Viehhändler H. H seinerseits veräußert die Tiere für 5.000 € an den Metzger M. E genehmigt die Veräußerungen und verlangt von H Herausgabe des Veräußerungserlöses i.H.v. 5.000 €. Hat E einen Anspruch gegen H auf Herausgabe des Veräußerungserlöses? Wenn ja, wie hoch ist der Anspruch des E?

E kann den Veräußerungserlös von H gemäß **§ 816 Abs. 1 S. 1** herausverlangen, da H, als er die nach § 935 abhandengekommenen Jungbullen an M veräußerte, als Nichtberechtigter verfügte. Infolge der Genehmigung des E sind die Verfügungen des H gemäß § 185 Abs. 2 wirksam geworden. Nach h.M. ist H **grundsätzlich** zur **Herausgabe des erzielten Erlöses** i.H.v. 5.000 € verpflichtet (s.o. S. 44).

Hinsichtlich des Anspruchsumfangs ist **fraglich**, ob die an D gezahlten 1.000 € **ausnahmsweise als Entreicherung gemäß § 818 Abs. 3** abzugsfähig sind. Fest steht, dass H **vor der Veräußerung** an M dem E nach §§ 985, 986 zur uneingeschränkten Herausgabe der Jungbullen verpflichtet gewesen wäre und ihm ein Zurückbehaltungsrecht nach § 1000 nicht zugestanden hätte, da der an D gezahlte Kaufpreis keine „Verwendung" auf die Tiere ist (Verwendungen i.S.d. §§ 994 ff. sind nur solche Aufwendungen, die zumindest auch der Sache zugutekommen, indem sie diese wiederherstellen, erhalten oder verbessern). Da die Eingriffskondiktion nach § 816 Abs. 1 S. 1 dem Rechtsgüterschutz dient und an die Stelle des untergegangenen Anspruchs aus §§ 985, 986 (sog. **„Rechtsfortwirkungsanspruch"**, s.o. S. 42) tritt, führen für den Herausgabeanspruch aus §§ 985, 986 irrelevante Zahlungen an Dritte **nach der Veräußerung** auch nicht zum Entreicherungseinwand des § 818 Abs. 3.

Folglich kann E von H den kompletten Veräußerungserlös i.H.v. 5.000 € (ohne jeglichen Abzug) verlangen.

Falls der Gegenstand der Herausgabepflicht im Vermögen des Bereicherungsschuldners verbleibt, kommt es für die Ermittlung **bereicherungsmindernder Nachteile** (nutzlose Aufwendungen, sonstige Vermögenseinbußen, vermögensmindernde Leistungen), die zur Entreicherung nach § 818 Abs. 3 führen, damit letztlich darauf an, ob wertungsmäßig der Bereicherungsgläubiger oder der Bereicherungsschuldner das **Entreicherungsrisiko** trägt.

Wertungskriterien für das **Entreicherungsrisiko** sind die gesetzliche oder vertragliche Kostentragungspflicht und das wirtschaftliche Interesse an der Kostenverursachung.

Trägt der Bereicherungsschuldner das Entreicherungsrisiko, kann er sich nicht auf § 818 Abs. 3 berufen, sodass auch keine bereicherungsmindernden, abzugsfähigen Nachteile gegeben sind.

Daher erlangt § 818 Abs. 3 nach h.M. auch in den Fällen der „aufgedrängten Bereicherung" (s.o. zu § 818 Abs. 2) Bedeutung. Kann der Bereicherte die Bereicherung in keiner Weise nutzen (d.h., er kann sie als solche z.B. auch nicht gegen Entgelt veräußern) und damit für sich zu Wert machen, so soll er sich auf § 818 Abs. 3 berufen können. Schließlich ist im Rahmen von § 818 Abs. 3 jede Aufwendung des Bereicherungsschuldners, die dieser im Vertrauen auf die Rechtsbeständigkeit des Erwerbs gemacht hat, ein möglicher Entreicherungsposten. Gleichwohl soll dem Bereicherungsgläubiger nicht immer der Einwand der aufgedrängten Bereicherung zustehen. Dieser Einwand wird erst bedeutsam, wenn der Aufwendende (als Bereicherungsschuldner) eigene Ersatzansprüche (z.B.

Kann der Bereicherungsgläubiger mit den getätigten Aufwendungen nichts anfangen (aufgedrängte Bereicherung), so muss er deren Wert nicht ersetzen, selbst wenn der Bereicherungsgegenstand durch die Aufwendungen einen – objektiv – höheren Wert erhält.

im Rahmen der Verwendungskondiktion) geltend macht und damit gegen den Bereicherungsgläubiger vorgeht.

Weitere Einzelheiten finden Sie im AS-Skript Schuldrecht BT 3 (2019), Rn. 138 ff., sowie im AS-Fälle Schuldrecht BT 3 (2019), S. 39 ff.

B. Die Ausnahme: Die verschärfte bereicherungsrechtliche Haftung, §§ 818 Abs. 4, 819, 820

Ausnahme: Verschärfte bereicherungsrechtliche Haftung nach den §§ 818 Abs. 4, 819, 820

Das Gesetz will den redlichen Bereicherungsschuldner privilegieren und gestattet ihm daher, sich selbst dann auf Wegfall der Bereicherung zu berufen, wenn er sich vorsätzlich oder fahrlässig entreichert hat. Diese Besserstellung gegenüber anderen Schuldnern ist aber dann nicht mehr berechtigt, wenn der Bereicherungsschuldner mit seiner Inanspruchnahme rechnen musste. Für diesen Fall sieht das Gesetz in den §§ 818 Abs. 4, 819, 820 eine Haftungsverschärfung vor. Diese ist so ausgestaltet, dass der Bereicherungsschuldner die speziellen bereicherungsrechtlichen Privilegierungen verliert und einem normalen Schuldner gleichgestellt wird.

I. § 818 Abs. 4

Haftungsverschärfung bei Rechtshängigkeit

Gemäß § 818 Abs. 4 haftet der Bereicherungsschuldner **„ab Eintritt der Rechtshängigkeit"** des Bereicherungsanspruchs nach den **„allgemeinen Vorschriften"**. Besondere Bedeutung erlangt diese Vorschrift vor allem in Verbindung mit § 819 Abs. 1.

Die Rechtshängigkeit des Anspruchs aus ungerechtfertigter Bereicherung tritt mit **Zustellung** der **Klage** oder eines **Mahnbescheids** ein (§§ 253 Abs. 1, 261 Abs. 1, 693 ZPO). Ab diesem Zeitpunkt muss der Bereicherungsschuldner mit einer eventuellen Verurteilung zur Herausgabe rechnen, woraus sich die Haftungsverschärfung rechtfertigt.

Fraglich ist, was mit den „allgemeinen Vorschriften" in diesem Sinne gemeint ist und welche Auswirkungen die Haftungsverschärfung auf § 818 Abs. 3 hat.

Mit den „allgemeinen Vorschriften" sind zunächst die Vorschriften des allgemeinen Schuldrechts gemeint, welche, wie § 818 Abs. 4, die Rechtshängigkeit voraussetzen (insbesondere die §§ 291, 292 mit den dort genannten Verweisungen). Daneben sollen auch diejenigen Vorschriften des allgemeinen Schuldrechts anwendbar sein, die im konkreten Fall einschlägig sind. Dies gilt wohl für die Anwendung der §§ 276 Abs. 1, 285, 287 etc. Die Anwendung des § 285 führt sogar dazu, dass der verschärft Haftende nunmehr (entgegen § 818 Abs. 1, s.o. S. 55) auch das „commodum ex negotiatione", also den konkreten Erlös, den er bei einer Weiterveräußerung erzielt hat, herauszugeben hat.

Der verschärft haftende Bereicherungsschuldner kann sich nicht auf den Wegfall der Bereicherung gemäß § 818 Abs. 3 berufen. Ihn trifft die verschuldensunabhängige Wertersatzpflicht aus § 818 Abs. 2.

II. § 819 Abs. 1

Haftungsverschärfung bei Bösgläubigkeit

Eine weitere Haftungsverschärfung ergibt sich aus § 819 Abs. 1, der auf § 818 Abs. 4 zurückverweist. Danach verschärft sich die Haftung des Bereicherungsschuldners, sobald er **positive Kenntnis** vom Mangel des Rechtsgrundes erhält. Bösgläubigkeit in diesem Sinne bedeutet **Tatsachen- und Rechtsfolgenkenntnis.** Fahrlässige Unkenntnis (Kennenmüssen) reicht also nicht aus. Allerdings gilt die Rechtsgrundlosigkeit des Erwerbs auch demjenigen als bekannt, der sich böswillig der Kenntnis der Rechtsgrundlosigkeit verschließt. Nach § 142 Abs. 2 genügt ferner die Kenntnis von der Anfechtbarkeit eines Rechtsgeschäfts. Anders als bei § 814 gilt das uneingeschränkt auch dann, wenn nur der andere Teil anfechten kann.

Zurechnung von Bösgläubigkeit eines Vertreters

Allgemein ist zu beachten, dass die **Bösgläubigkeit eines Vertreters nach § 166 Abs. 1** dem Vertretenen zugerechnet wird.

Besonderheiten bestehen bei der **Bösgläubigkeit Minderjähriger** oder sonst nicht voll Geschäftsfähiger. Hier muss nach der wohl h.M. zwischen den Leistungs- und den Nichtleistungskondiktionen unterschieden werden. Bei der **Nichtleistungskondiktion** beurteilt sich die Bösgläubigkeit des Minderjährigen **analog §§ 827–829**, d.h., bei gegebener Einsichtsfähigkeit ist allein auf die Bösgläubigkeit des Minderjährigen abzustellen. Bei der **Leistungskondiktion** kommt es **analog § 166 Abs. 1** auf die Bösgläubigkeit des gesetzlichen Vertreters an.

III. § 819 Abs. 2

Nach § 819 Abs. 2 greift die Haftungsverschärfung auch dann ein, wenn der Empfänger durch die Annahme der Leistung gegen ein gesetzliches Verbot oder gegen die guten Sitten verstößt. In subjektiver Hinsicht ist positive Kenntnis des Empfängers **im Zeitpunkt der Empfangnahme** erforderlich.

IV. § 820 Abs. 1 S. 1

Nach § 820 Abs. 1 S. 1 tritt die Haftungsverschärfung auch dann ein, wenn mit der Leistung ein nach dem Inhalt des Rechtsgeschäfts ungewisser Erfolg erreicht werden sollte und dieser Erfolg später nicht eintritt.

Zu beachten ist allgemein, dass § 820 **nicht** anzuwenden ist, wenn die Parteien den Erfolgseintritt **als sicher** angesehen haben.

V. § 820 Abs. 1 S. 2

Gemäß § 820 Abs. 1 S. 2 tritt eine Haftungsverschärfung auch dann ein, wenn die Parteien einen späteren Wegfall des Rechtsgrundes nach dem Inhalt des von ihnen abgeschlossenen Rechtsgeschäfts als möglich angesehen haben und der Rechtsgrund später wegfällt.

Weitere Einzelheiten finden Sie im AS-Skript Schuldrecht BT 3 (2019), Rn. 170 ff., sowie im AS-Fälle Schuldrecht BT 3 (2019), S. 50 ff.

1. Worauf erstreckt sich die Herausgabepflicht des gutgläubigen und unverklagten Bereicherungsschuldners?

1. Die Herausgabepflicht des gutgläubigen und unverklagten Bereicherungsschuldners erstreckt sich nach den §§ 812 ff. auf die Herausgabe des Erlangten in Natur. Nach § 818 Abs. 1 können aber auch die gezogenen Nutzungen (§ 100) und dasjenige, was der Empfänger aufgrund eines erlangten Rechts oder als Ersatz für die Beschädigung, Zerstörung oder Entziehung des erlangten Gegenstands erwirbt, herausverlangt werden. Bei Unmöglichkeit der Herausgabe ist gemäß § 818 Abs. 2 Wertersatz zu leisten, es sei denn, die Bereicherung ist gemäß § 818 Abs. 3 entfallen.

2. Ist der Erlös (z.B. aus einer Weiterveräußerung) ein Surrogat i.S.d. § 818 Abs. 1?

2. Da der Erlös nicht durch bestimmungsgemäße Ausübung des Erlangten, sondern aufgrund eines selbstständigen Rechtsgeschäfts mit einem Dritten erlangt worden ist, ist er kein Surrogat i.S.d. § 818 Abs. 1.

3. Wann entfällt in der Regel die Bereicherung nach § 818 Abs. 3?

3. Ein Wegfall der Bereicherung kommt insbesondere dann in Betracht, wenn zum einen der Bereicherungsgegenstand ersatzlos aus dem Vermögen des Bereicherungsschuldners ausscheidet, also wertmäßig nicht mehr in seinem Vermögen vorhanden ist, und er auch keine eigenen Aufwendungen erspart hat. Dies gilt jedoch nicht für übermäßige Aufwendungen (sog. Luxusaufwendungen), die der Bereicherungsschuldner ohne die Bereicherung nie vorgenommen hätte. Zum anderen greift § 818 Abs. 3 ein, wenn der Gegenstand der Herausgabepflicht zwar im Vermögen des Bereicherungsschuldners verbleibt, dieser aber im Vertrauen auf die Beständigkeit seines Erwerbs nutzlose Aufwendungen tätigt, sonstige Vermögenseinbußen erleidet oder vermögensmindernde Leistungen an Dritte erbringt.

4. Auf welche Vorschriften wird in § 818 Abs. 4 verwiesen?

4. In § 818 Abs. 4 wird auf die „allgemeinen Vorschriften", also die des (vor die Klammer gezogenen) allgemeinen Schuldrechts, verwiesen. Damit sind die Vorschriften gemeint, welche, wie § 818 Abs. 4, die Rechtshängigkeit voraussetzen. Dazu zählen insbesondere die §§ 291, 292 und diejenigen Vorschriften, die im konkreten Fall einschlägig sind (z.B. §§ 276, 285). Daneben führt die verschärfte Haftung dazu, dass § 818 Abs. 3 nicht mehr anwendbar ist.

5. Haftet der verklagte Bereicherungsschuldner für Zufall?

5. Nach §§ 818 Abs. 4, 287 S. 2 haftet der auf Herausgabe verklagte Bereicherungsschuldner auch für Zufall.

6. Auf wessen Bösgläubigkeit kommt es für eine verschärfte bereicherungsrechtliche Haftung Minderjähriger an?

6. Hinsichtlich der Bösgläubigkeit Minderjähriger muss nach h.M. zwischen den Leistungs- und den Nichtleistungskondiktionen unterschieden werden. Bei der Nichtleistungskondiktion beurteilt sich die Bösgläubigkeit des Minderjährigen analog §§ 827–829, d.h., bei gegebener Einsichtsfähigkeit ist allein auf die Bösgläubigkeit des Minderjährigen abzustellen. Bei der Leistungskondiktion kommt es analog § 166 Abs. 1 auf die Bösgläubigkeit des gesetzlichen Vertreters an.

7. Was genau bedeutet „Bösgläubigkeit" i.S.v. § 819 Abs. 1?

7. Bösgläubigkeit in diesem Sinne bedeutet Tatsachen- und Rechtsfolgenkenntnis vom Mangel des Rechtsgrundes. Fahrlässige Unkenntnis (Kennenmüssen) reicht nicht aus. Allerdings gilt die Rechtsgrundlosigkeit des Erwerbs auch demjenigen als bekannt, der sich böswillig der Kenntnis der Rechtsgrundlosigkeit verschließt.

Anspruchs-grundlagen	Gegen-normen	Rechtsfolgenergän-zende Normen	Definiti-onsnorm
§ 812 Abs. 1 S. 1 Var. 1 § 812 Abs. 1 S. 1 Var. 2 § 812 Abs. 1 S. 2 Var. 1 § 812 Abs. 1 S. 2 Var. 2 § 813 Abs. 1 S. 1 § 816 Abs. 1 S. 1 § 816 Abs. 1 S. 2 § 816 Abs. 2 § 817 S. 1 § 822	§ 813 Abs. 2 § 814 § 815 § 817 S. 2 § 821	§ 818 Abs. 1 § 818 Abs. 2 § 818 Abs. 3 § 818 Abs. 4 § 819 § 820	§ 812 Abs. 2

Anmerkung: *§ 821 ist eine Gegennorm zu* ***anderen Anspruchsgrundlagen außerhalb des Bereicherungsrechts****, während es sich bei den anderen Gegennormen um solche handelt, welche sich* ***gegen Bereicherungsansprüche*** *richten.*

7. Abschnitt: Die Rückabwicklung unwirksamer gegenseitiger Austauschverträge

Das Bereicherungsrecht scheint auf den ersten Blick auf die Fälle zugeschnitten zu sein, bei denen es um eine einseitige Vermögensvermehrung, also eine Vermögensmehrung des Anspruchstellers gegenüber dem bereicherten Anspruchsgegner, geht. Daher werfen die §§ 812 ff. immer dann besondere Probleme auf, wenn ein nichtiger gegenseitiger Vertrag rückabgewickelt werden soll und dabei ein Vertragspartner entreichert ist.

Hier stellt sich vor allem die Frage, ob und inwieweit die Gegenleistung bei der „Abschöpfung des Vermögenszuwachses" zu berücksichtigen ist und inwieweit sonstige Vor- und Nachteile auf beiden Seiten einzubeziehen sind.

Die überwiegende Ansicht in Lit. und Rspr. folgt der **„Saldotheorie"**, die von folgenden Prämissen ausgeht: Saldotheorie

A. Existieren Leistung und Gegenleistung noch, kann jede Partei ihre Leistung nur zurückfordern, wenn sie im Gegenzug die erhaltene Gegenleistung zurückgewährt. Die gegenseitigen Bereicherungsansprüche sind somit nur Zug-um-Zug zu erfüllen, ohne dass es der Einrede des § 273 Abs. 1 bedarf (auch „verfahrensrechtliche Saldotheorie" genannt). Sind die gegenseitigen Bereicherungsansprüche gleichartig (z.B. beide auf Geld gerichtet), findet eine automatische Saldierung/ Verrechnung statt.

B. Ist bei einer Vertragspartei die erhaltene Leistung ganz oder teilweise (auch wertmäßig) nicht mehr vorhanden, so muss sie sich den Verlust von ihrem eigenen Anspruch abziehen lassen. Jede Partei kann danach nur so viel zurückfordern, wie sie ihrerseits zurückzugewähren in der Lage ist (auch „materielle Saldotheorie" genannt).

Beispiel: Die verkaufte Sache – Preis und Wert 10.000 € – wird beim Käufer beschädigt; Wertverlust: 7.000 €. Der Kaufvertrag ist nichtig. Der Käufer kann vom Verkäufer nur 3.000 € zurückfordern.

C. Im Übrigen sind die im Zusammenhang mit dem Bereicherungsvorgang entstandenen wechselseitigen Vor- und Nachteile miteinander zu verrechnen.

Die dogmatische Begründung der Saldotheorie ist uneinheitlich. Die **Rspr.** betont, dass es sich um eine aus **„Billigkeitsgründen vorgenommene Gesetzeskorrektur"** handelt. Das „genetische Synallagma" bei der „Hinabwicklung" des gegenseitigen Vertrags (§§ 320 ff.) müsse sich bei seiner bereicherungsrechtlichen „Rückabwicklung" als **„faktisches Synallagma" (§§ 320 ff. analog)** fortsetzen.

Von der **Lit.** wird überwiegend **§ 818 Abs. 3** zur Begründung herangezogen. Wie bereits dargestellt, sind als Entreicherung auch solche Vermögensnachteile zu verstehen, die der Bereicherte im Vertrauen auf die Wirksamkeit des Kausalverhältnisses erlitten hat. Das bedeutet beim gegenseitigen Vertrag, dass auch die vom Bereicherten erbrachte Gegenleistung als ein solcher Vermögensnachteil anzusehen ist. Der Wert der Entreicherung beim Vertragspartner wird so zum Entreicherungsposten beim Bereicherungsschuldner.

Strenge Zweikondiktionenlehre

Nach dem Gesetz aber stehen sich bei der Rückabwicklung gegenseitiger Verträge jedoch eigentlich immer zwei Kondiktionen gegenüber. Jedem Vertragspartner steht ein eigenständiger Bereicherungsanspruch zu, der Zug um Zug gemäß §§ 273, 274 zu erfüllen ist (sog. **„strenge Zweikondiktionenlehre"**). Das Entreicherungsrisiko bzgl. des geleisteten Vermögensvorteils trägt danach aber stets der Leistende.

Modifizierte Zweikondiktionenlehre

Problematisch ist insoweit, dass der Leistende nach der Leistung keinen Zugriff mehr auf den geleisteten Vermögensvorteil hat. Um nun den Leistungsempfänger, der ja Zugriff auf den Vermögensvorteil hat, mit dem Entreicherungsrisiko zu belasten, wenn die Leistung bei ihm z.B. beschädigt oder zerstört wird bzw. untergeht, wird daher von Teilen der Lit. eine an § 346 Abs. 2 S. 1 Nr. 3, Abs. 3 S. 1 Nr. 3 orientierte Risikoverteilung vorgeschlagen (sog. **„modifizierte Zweikondiktionenlehre"**). Letztlich wird somit § 818 Abs. 3

teleologisch reduziert. Der Sachinhaber kann sich nicht auf die Entreicherung berufen. Er schuldet somit nach § 818 Abs. 2 Wertersatz. Es bleiben somit zwei gegenseitige Kondiktionsansprüche bestehen, die ggf. aufzurechnen sind.

Beispiel: Autohändler V verkauft und übereignet an K ein gebrauchtes Fahrzeug für 20.000 €. K zahlt den Kaufpreis in bar und nimmt den Wagen, nachdem die Zulassungsformalitäten erledigt sind, gleich mit. Noch auf dem Heimweg wird der Wagen bei einem Unfall (K war wegen Glatteises von der Straße abgekommen) völlig zerstört. Zur Freude des K stellt sich aber heraus, dass der Kaufvertrag nichtig ist. K möchte daher von V den Kaufpreis zurückerhalten. V meint, dazu sei er nicht verpflichtet, da K seinerseits „mit leeren Händen" dastehe. Kann K von V Rückzahlung des Kaufpreises verlangen, wenn der Wert des Fahrzeugs dem Preis entsprach?

K hat grundsätzlich gegen V einen Anspruch auf Rückzahlung des Kaufpreises von 20.000 € aus § 812 Abs. 1 S. 1 Var. 1, weil V Eigentum und Besitz am Geld durch Leistung des K ohne Rechtsgrund erworben hat. Möglicherweise kann V aber mit einem Gegenanspruch auf Wertersatz für den zerstörten Pkw aus §§ 812 Abs. 1 S. 1 Var. 1, 818 Abs. 2 aufrechnen. Auch K hatte zunächst etwas, nämlich Eigentum und Besitz am Pkw, durch Leistung des V erlangt. Da der Wagen zerstört ist, kann K das Erlangte aber nicht mehr herausgeben, sodass er V an sich nach § 818 Abs. 2 Wertersatz i.H.v. 20.000 € schuldet. Jedoch ist K durch den Unfall ersatzlos entreichert, sodass er gemäß § 818 Abs. 3 V an sich keinen Wertersatz schuldet. Zu diesem Ergebnis gelangt die (nur noch in Ausnahmefällen anwendbare) **strenge Zweikondiktionenlehre**. Dieses Ergebnis ist jedoch unbillig, da danach nämlich der Vertragspartner, der die Sache nicht mehr im Besitz und somit keinen Einfluss auf ihre Erhaltung hat, das wirtschaftliche Risiko der Beschädigung und Zerstörung trägt. Dies widerspricht dem Rechtsgedanken des § 446, wonach die Gefahr mit Übergabe der Sache auf den Käufer übergeht. Daher ist mit der **Saldotheorie** davon auszugehen, dass es nur einen bereicherungsrechtlichen Rückabwicklungsanspruch des V gibt, mit dem der Bereicherungsanspruch des K verrechnet („saldiert") wird. V ist zwar um den Kaufpreis von 20.000 € ungerechtfertigt bereichert, jedoch gleichzeitig um den Pkw, den er an K übereignet hat, entreichert. Hätte K den Pkw noch, so würde dies dazu führen, dass V wegen § 818 Abs. 3 die Rückzahlung von der Rückgabe und Rückübereignung des Pkw abhängig machen könnte. Hierauf braucht sich V nicht zu berufen (§ 273), da § 818 Abs. 3 eine von Amts wegen zu berücksichtigende Einwendung ist. Da der Wagen aber nicht mehr zurückgegeben werden kann, ist V um dessen Wert von 20.000 € entreichert mit der Folge, dass nach der Saldotheorie K kein Rückzahlungsanspruch zusteht. Nach der **modifizierten Zweikondiktionenlehre** würde V gegen den Anspruch des K mit seinem eigenen Kondiktionsanspruch aus §§ 812 Abs. 1 S. 1 Var. 1, 818 Abs. 2 aufrechnen, da K sich auf § 818 Abs. 3 nicht berufen kann.

Ausnahmen von der Saldotheorie

In folgenden Fällen findet die **Saldotheorie** aufgrund der Schutzbedürftigkeit des Leistungsempfängers jedoch ausnahmsweise **keine Anwendung** und es bleibt bei der strengen Zweikondiktionenlehre:

Bei Vorleistungsfällen ist die Saldotheorie nicht anwendbar, weil der Entreicherte (Sachinhaber, z.B. Käufer) noch gar nicht geleistet hat und damit keinen Kondiktionsanspruch hat, von dem man den Wert der Entreicherung abziehen könnte.

- in Vorleistungsfällen,
- zulasten eines nach §§ 818 Abs. 4, 819, 820 verschärft Haftenden,
- zulasten eines arglistig Täuschenden,
- zugunsten Geschäftsunfähiger oder Minderjähriger,
- bei Untergang bzw. Verschlechterung der Leistung infolge eines Mangels.

Auch die **modifizierte Zweikondiktionenlehre** macht in diesen Fällen keine teleologische Reduktion des § 818 Abs. 3. Es bleibt somit unstreitig bei der strengen Zweikondiktionenlehre. Lediglich in Vorleistungsfällen wird zum Schutz des Vorleistenden eine solche teleologische Reduktion vertreten. Der Sachinhaber müsste somit Wertersatz leisten.

Weitere Einzelheiten finden Sie im AS-Skript Schuldrecht BT 3 (2019), Rn. 153 ff., sowie im AS-Fälle Schuldrecht BT 3 (2019), S. 43 ff.

1. Wovon geht das Gesetz aus, wenn ein unwirksamer, bereits ausgetauschter, gegenseitiger Vertrag rückabgewickelt werden soll?

1. Nach dem Gesetz stehen sich bei der Rückabwicklung gegenseitiger Verträge immer zwei Kondiktionsansprüche gegenüber. Jedem Vertragspartner steht ein eigenständiger Bereicherungsanspruch zu, der Zug um Zug gemäß §§ 273, 274 zu erfüllen ist („strenge Zweikondiktionenlehre“).

2. Wozu führt die von der Rspr. aus „Billigkeitsgründen vorgenommene Gesetzeskorrektur“ bei der Rückabwicklung unwirksamer, bereits ausgetauschter, gegenseitiger Verträge?

2. Die Gesetzeskorrektur führt dazu, dass jede Partei ihre Leistung nur zurückfordern kann, wenn sie im Gegenzug die erhaltene Gegenleistung zurückgewährt. Ist bei einer Vertragspartei die erhaltene Leistung ganz oder teilweise nicht mehr vorhanden, so muss sie sich den Verlust von ihrem eigenen Anspruch abziehen lassen. Jede Partei kann danach nur so viel zurückfordern, wie sie ihrerseits zurückzugewähren in der Lage ist. Alle während des Bereicherungsvorgangs entstandenen, wechselseitigen Vor- und Nachteile sind miteinander zu „saldieren“ („Saldotheorie“). Schließlich hat jeder Beteiligte seine Leistung im Vertrauen darauf, dass er die Gegenleistung behalten darf, erbracht und ist somit um die von ihm erbrachte und jetzt beschädigte/untergegangene Leistung entreichert (§ 818 Abs. 3).

3. Wann findet nie die Saldotheorie, sondern nur die strenge Zweikondiktionenlehre bei der Rückabwicklung unwirksamer, bereits ausgetauschter, gegenseitiger Verträge Anwendung?

3. Die strenge Zweikondiktionenlehre findet in Vorleistungsfällen, zulasten eines nach §§ 818 Abs. 4, 819, 820 verschärft Haftenden, zulasten eines nach § 123 arglistig Täuschenden, zugunsten geschäftsunfähiger bzw. beschränkt geschäftsfähiger Personen oder bei Untergang bzw. Verschlechterung der Leistung infolge eines Mangels Anwendung.

4. Warum ist die modifizierte Zweikondiktionenlehre entwickelt worden und was besagt sie?

4. Da das Entreicherungsrisiko bei der strengen Zweikondiktionenlehre stets der Leistende trägt, der nach der Leistung auf den Bereicherungsgegenstand jedoch keinen Zugriff mehr hat, ist die modifizierte Zweikondiktionenlehre entwickelt worden. Sie besagt, dass wenn die Leistung beim Leistungsempfänger z.B. beschädigt oder zerstört wird bzw. untergeht, eine an § 346 Abs. 2 S. 1 Nr. 3, Abs. 3 S. 1 Nr. 3 orientierte Risikoverteilung vorzunehmen ist. Danach dürfte in der Regel der Leistungsempfänger mit dem Entreicherungsrisiko belastet sein. Dies erscheint interessengerecht, da er ja auch über den Bereicherungsgegenstand die tatsächliche Sachherrschaft ausübt. Die modifizierte Zweikondiktionenlehre verfolgt somit dasselbe Anliegen wie die Saldotheorie, orientiert sich dogmatisch aber stärker am Gesetz.

8. Abschnitt: Bereicherungsausgleich im Mehrpersonenverhältnis

A. Der Grundsatz

Merke: Hat jemand einen Gegenstand durch Leistung eines anderen erlangt, hat er ihn nicht „in sonstiger Weise auf Kosten" eines Dritten erlangt.

Der **Grundsatz vom Vorrang der Leistungsbeziehung** besagt, dass, wenn jemand einen Bereicherungsgegenstand durch die Leistung eines anderen erhalten hat, dieser Gegenstand grundsätzlich nicht von einem Dritten mit einer Nichtleistungskondiktion, sondern nur innerhalb der Leistungsbeziehung, herausverlangt werden kann. Der Grund liegt zum einen darin, dass der Empfänger in dem Glauben geschützt werden soll, sich bei Störungen nur mit dem Leistenden auseinandersetzen zu müssen. Zum anderen soll derjenige, der eine Leistung erbringt, auch das Insolvenz- und Entreicherungsrisiko des Empfängers tragen. Hinzu kommt, dass Einwendungen dem Vertragspartner, also dem Leistenden, entgegengesetzt werden sollen. Der Grundsatz vom Vorrang der Leistungsbeziehung ist dabei jeweils auf den Bereicherungsgegenstand (das erlangte Etwas) bezogen. Es reicht also nicht, dass in irgendeinem Verhältnis eine Leistung vorliegt, um eine Nichtleistungskondiktion zu sperren. Vielmehr geht es darum, ob der Empfänger das erlangte Etwas durch Leistung eines anderen erhalten hat.

Kein **„echter Dreiecksfall"** liegt beim **Bereicherungsausgleich in einer Leistungskette** vor, bei der eine Sache vom (Erst-)Verkäufer an den (Erst-)Käufer und von diesem (als Zweitverkäufer) wiederum an einen Dritten (Zweitkäufer) veräußert wird. Zwar sind auch hier drei Personen beteiligt, doch sind sie sozusagen „nicht miteinander", sondern „nur nacheinander" vertraglich verbunden. Hier stehen jedem Gläubiger grundsätzlich nur Ansprüche gegen seinen Schuldner zu. Eine Ausnahme stellt insoweit § 822 dar, der einen „Durchgriff" auf den letzten Empfänger in der Bereicherungskette erlaubt, wenn dieser unentgeltlich erwirbt.

Ein **„echter Dreiecksfall"** liegt in der Regel erst dann vor, wenn ein Dritter die Zuwendung des Leistenden für dessen Rechnung an den Empfänger vermittelt, weil der Dritte dazu vom Leistenden verpflichtet oder angewiesen wurde. Die den sog. **Anweisungsfällen** zugrunde liegende Ausgangslage stellt sich typischerweise wie folgt dar: Der Schuldner B **(Anweisender)** weist einen Dritten A **(Angewiesener)** an, den geschuldeten Gegenstand an seinen Gläubiger C **(Anweisungsempfänger)** zu übertragen.

Mit „Anweisung" ist hierbei nur selten das Rechtsinstitut der §§ 783 ff. gemeint, zu allermeist handelt es sich um eine auftragsrechtliche (§ 662) oder geschäftsbesorgungsrechtliche (§ 675) Weisung (§ 665). Ein Sonderfall ist der Zahlungsauftrag (§ 675 f Abs. 4 S. 2), den ein Zahler seinem Zahlungsdienstleister zur Ausführung eines Zahlungsvorgangs (§ 675 f Abs. 4 S. 1) erteilt.

Bei den Anweisungsfällen ist zwischen dem Deckungsverhältnis und dem Valutaverhältnis zu unterscheiden. Das Valutaverhältnis besteht zwischen dem Anweisenden und dem Zuwendungsempfänger. Das Rechtsverhältnis zwischen dem Anweisenden und dem Angewiesenen ist das Deckungsverhältnis.

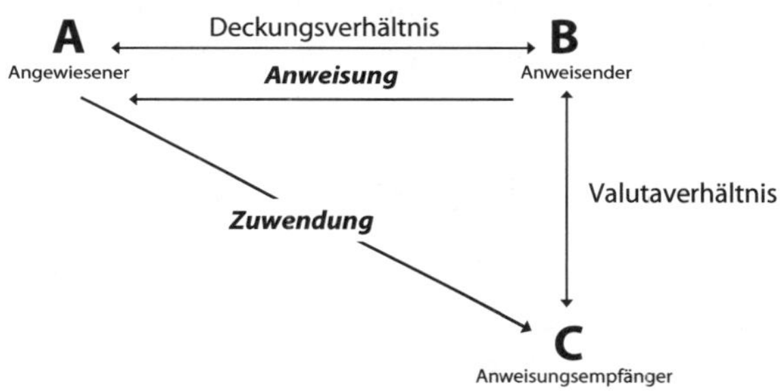

Beispiele:

1. S schuldet dem G die Zahlung von 1.000 €. S weist seine Bank B an, auf das Konto des G 1.000 € zu überweisen.

Das Verhältnis zwischen dem Zuwendungsempfänger G und dem Anweisenden S ist das Valutaverhältnis. Das Verhältnis zwischen der angewiesenen Bank und dem Anweisenden S ist das Deckungsverhältnis.

2. Der Verkäufer V schuldet dem Käufer K die Lieferung einer Partie Herrenschuhe. V weist seinen Lieferanten L an, die Schuhe direkt an K zu liefern.

Das Valutaverhältnis besteht zwischen dem Zuwendungsempfänger K und dem Anweisenden V, das Deckungsverhältnis zwischen dem Angewiesenen L und dem Anweisenden V.

Bei Fehlern in den Rechtsbeziehungen erfolgt der Bereicherungsausgleich grundsätzlich nur in dem mangelhaften Rechtsverhältnis. Ist das Valutaverhältnis unwirksam, besteht ein Bereicherungsanspruch in diesem Verhältnis. Ist das Deckungsverhältnis unwirksam, erfolgt der Bereicherungsausgleich im Deckungsverhältnis.

In den Fällen einer wirksamen Anweisung lässt sich dies mit dem oben beschriebenen Leistungsbegriff begründen. Bestimmt man die Leistungsverhältnisse nämlich aus objektivem Empfängerhorizont, ergeben sich folgende Leistungsbeziehungen: A leistet an B (weil er diesem gegenüber zur Ausführung der Weisung verpflichtet ist und somit eine Verbindlichkeit gegenüber B erfüllen will, was sowohl B als auch C bewusst ist) und B leistet an C (weil ein objektiver Dritter in der Lage des C weiß, dass ihm gegenüber der B eine Verbindlichkeit erfüllen will und nicht A, da dieser nur gegenüber B verpflichtet ist). Die Rückabwicklungen finden grundsätzlich nur innerhalb dieser Leistungsbeziehungen statt; eine Nichtleistungskondiktion des A gegenüber C ist gesperrt, weil C den Bereicherungsgegenstand durch Leistung des B erlangt hat.

Das gilt auch dann, wenn sowohl das Deckungs- als auch das Valutaverhältnis gestört bzw. unwirksam ist.

Im Fall einer wirksamen Anweisung stimmt somit das Vorstellungsbild eines objektiven Empfängers und der beteiligten Personen überein.

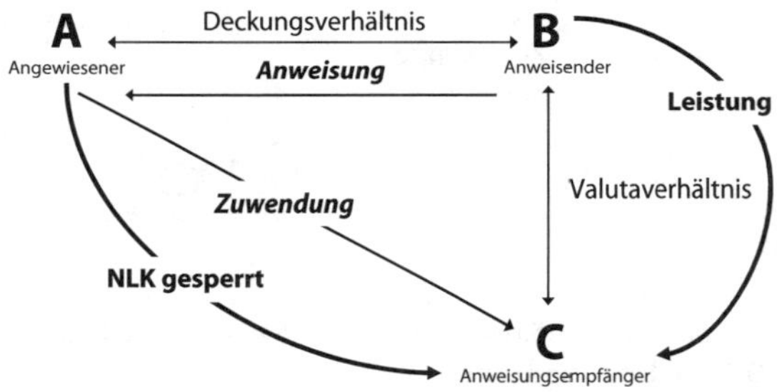

Beispiel: S ist dem G aus einem Kaufvertrag zur Zahlung von 1.000 € verpflichtet. Die Bank des S überweist aufgrund seiner Weisung 1.000 € auf das Konto des G. S erklärt wirksam die Anfechtung des Kaufvertrags mit G.

I. S kann einen Anspruch aus § 812 Abs. 1 S. 1 Var. 1 gegen G haben.

1. G hat die Gutschrift von 1.000 € (vgl. § 675 t Abs. 1) auf seinem Konto und damit den Auszahlungsanspruch gegenüber seiner Bank (aus §§ 675 c Abs. 1, 667 bzw. § 781) erlangt.

2. Dieses Etwas kann G durch Leistung des S erlangt haben. Leistung ist die gewollte und zweckgerichtete Mehrung fremden Vermögens, wobei der Leistungszweck bei der Kondiktion aus § 812 Abs. 1 S. 1 Var. 1 in der Erfüllung einer Verbindlichkeit liegen muss. Aus der Sicht des Zuwendungsempfängers G liegt eine Leistung des S an ihn zum Zweck der Erfüllung einer Verbindlichkeit aus einem Kaufvertrag vor.

3. Für die Leistung bestand kein Rechtsgrund, da S den Kaufvertrag wirksam angefochten hat. S hat gegen G einen Anspruch auf Rückgewähr der Leistung durch Zahlung von 1.000 €.

II. Ein Anspruch der Bank gegen G aus § 812 Abs. 1 S. 1 Var. 1 besteht nicht, da aus der Sicht des Empfängers G keine Leistung der Bank an ihn vorliegt.

III. Ein Anspruch der Bank gegen G aus § 812 Abs. 1 S. 1 Var. 2 besteht nicht, da die Nichtleistungskondiktion subsidiär ist. G hat die Zuwendung durch eine Leistung des S erlangt und kann sie daher nicht in sonstiger Weise auf Kosten der Bank erhalten haben.

B. Die Ausnahmen

I. Ausnahmen kraft Gesetzes

Gesetzliche Ausnahmen vom Grundsatz der Rückabwicklung „über das Dreieck" sind die Fälle der Durchgriffskondiktionen. Sie greifen nur bei

- **§ 816 Abs. 1 S. 2**, wenn der Nichtberechtigte unentgeltlich [wirksam] weiter*verfügt* hat (s.o. S. 45),
- **§ 822**, wenn der Berechtigte den Bereicherungsgegenstand unentgeltlich [wirksam oder unwirksam] weiter*gegeben* hat (s.o. S. 47),
- dem **dinglichen Doppelmangel** (d.h., wenn sowohl die Übereignung im Deckungs- als auch die Übereignung im Valutaverhältnis unwirksam ist; denn dann ist der Zuwendungsempfänger ohnehin dem Anspruch aus § 985 ausgesetzt)

In allen drei Fällen rechtfertigt sich die Durchbrechung des Grundsatzes dadurch, dass der unentgeltliche Zuwendungsempfänger weniger schutzwürdig ist, als derjenige, der für die Leistung etwas bezahlt hat und daher einen (weiteren) Anspruchsgegner erhalten soll, um die Leistung direkt bei ihm zu kondizieren.

II. Nicht geregelte Ausnahmen

Weitere (nicht geregelte und damit auch nicht abschließende Fallgruppen), bei denen die Rückabwicklung ebenfalls nicht über das Dreieck, sondern im Zuwendungsverhältnis erfolgen muss, sind:

1. Ausnahmen aufgrund des Leistungsbegriffs

a) Es liegt schon begrifflich **keine (zurechenbare) Leistung** vor.

Keine zurechenbare Leistung

Der Grundsatz der Rückabwicklung „über's Eck" kann einer direkten Inanspruchnahme des Empfängers aus einer Nichtleistungskondiktion nicht entgegenstehen, wenn ihm das Erhaltene von niemandem geleistet wurde. Dies kommt insbesondere in Betracht, wenn der vermeintlich Anweisende den Zuwendenden in Wirklichkeit gar nicht angewiesen hat (sog. Fälle der **unwirksamen oder fehlenden Anweisung**).

Beispiel: S hat im vorherigen Beispiel die B-Bank nicht angewiesen, also keine Überweisung an G veranlasst. Da eine – die Direktkondiktion sperrende – Leistung des S an G voraussetzt, dass S dem G den Geldbetrag bewusst zugewendet hat, liegt diesmal keine Leistung des S an G vor. Die B-Bank hat gegen G einen unmittelbaren Rückzahlungsanspruch aus § 812 Abs. 1 S. 1 Var. 2.

Weitere Fälle dieser Art sind: Fälschung oder Verfälschung des Zahlungsauftrags, Zahlungsauftrag durch Geschäftsunfähigen oder durch Vertreter ohne Vertretungsmacht, u.U. (§ 242) auch bei irrtümlicher Doppelüberweisung.

In diesen Fällen ist somit eine direkte Nichtleistungskondiktion des Zuwendenden gegen den Empfänger gegeben. So mag der Zahlungsempfänger im Beispiel zwar von einer Leistung ausgegangen sein, es gibt aber keinen Grund, den S in die Rückabwicklung einzubeziehen. Ob eine – die Nichtleistungskondiktion sperrende – Leistungsbeziehung im Valutaverhältnis vorliegt, ist somit stets auch eine Wertungsfrage. Dazu sollte man sich bewusst machen, was es bedeutet, wenn man eine Leistung im Valutaverhältnis (d.h. des vermeintlich Anweisenden) annimmt:

aa) Falls der (vermeintlich) Anweisende im Valutaverhältnis geleistet hat, tritt bei Wirksamkeit des Valutaverhältnisses Erfüllung nach § 362 Abs. 1 ein. Der Anweisende wird also von einer Verbindlichkeit befreit. Ist das Valutaverhältnis unwirksam, erlangt er einen Anspruch aus § 812 Abs. 1 S. 1 Var. 1. Aufgrund der vorrangigen Leistungsbeziehung im Valutaverhältnis kann der (vermeintlich) Angewiesene den Bereicherungsgegenstand nicht mit der Nichtleistungskondiktion vom Empfänger herausverlangen. Ist das Deckungsverhältnis bzw. die Anweisung unwirksam, muss der vermeintlich Angewiesene auf Bereicherungsansprüche gegen den Anweisenden verwiesen werden. Der vermeintlich Anweisende wird hier also in die Rückabwicklung einbezogen (auch wenn beide Verhältnisse gestört sind). Der Zuwendungsempfänger hingegen wird in seinem Vertrauen geschützt, sich nur mit dem vermeintlich Leistenden/Anweisenden auseinandersetzen zu müssen.

bb) Liegt **keine Leistung im Valutaverhältnis** vor, kann der (vermeintlich) Angewiesene aus der Nichtleistungskondiktion gegen den Empfänger vorgehen (auch wenn der Angewiesene an den Anweisenden leisten will; denn diese Leistung hat nichts mit dem Bereicherungsgegenstand zu tun). Der Empfänger erlangt das Etwas also nicht endgültig. Dementsprechend kann auch **im Valutaverhältnis keine Erfüllung** eintreten! Auch kann der Anweisende keinen Anspruch aus Leistungskondiktion erlangen. Liegt also keine Leistung vor, erlangt der (vermeintlich) Anweisende auch nichts. In diesen Fällen ist also der vermeintlich Anweisende geschützt. Er ist aus der Rückabwicklung herausgehalten, da der vermeintlich Angewiesene keinen Anspruch gegen ihn hat. Der Leistungsempfänger kann vielmehr direkt vom Zuwendenden aus der Nichtleistungskondiktion in Anspruch genommen werden.

cc) Die zentrale Frage ist somit, wann man eine Leistung im Valutaverhältnis annehmen kann, obwohl die Anweisung unwirksam ist. Wie oben dargestellt, kommt es für diese Beurteilung grundsätzlich auf den objektiven Empfängerhorizont des Zuwendungsempfängers an. Dieser kann aber grundsätzlich nichts daran ändern, dass der unwirksam oder gar nicht Anweisende gar keine wirksame Tilgungsbestimmung abgegeben hat (s.o.), die der Angewiesene ggf. als Bote übermitteln könnte. Die Rspr. löst dieses Dilemma auf folgende Weise:

Zurechnung einer Leistung aus Rechtscheinsgründen **(„Veranlasserprinzip")**

Auch wenn keine wirksame Anweisung vorliegt, d.h., der vermeintlich Anweisende überhaupt keine bewusste und zweckgerichtete Mehrung des Vermögens des Empfängers vornehmen will, soll eine **Leistungsbeziehung aus Rechtscheinsgründen** angenommen werden, **wenn der vermeintlich Anweisende die Zuwendung zurechenbar veranlasst** hat. Voraussetzung ist aber, dass der **Empfänger gutgläubig** ist, er also davon ausgeht und ausgehen darf, dass der vermeintlich Anweisende auch tatsächlich angewiesen hat und leisten will. Denn selbst eine aus Rechtscheinsgründen zugerechnete Tilgungsbestimmung kann nicht als Leistung verstanden werden, wenn ein objektiver Empfänger weiß, dass der vermeintlich Anweisende nicht leisten will.

Beispiel: S schuldet dem G vermeintlich die Übereignung von zwei Autos. Er weist seinen Händler H an, diese Autos direkt an G zu liefern. Kurz darauf vereinbaren H und S, dass H die Autos doch nicht direkt an G liefern soll, sondern zunächst an S, weil S unsicher ist, ob der Vertrag mit G wirksam ist. Aus Versehen liefert H gleichwohl an G.

Hier kann man aus Sicht des S nicht von einer Leistung (bewussten, zweckgerichteten Mehrung des Vermögens des G) ausgehen. S will eine solche gerade noch nicht. Da die Anweisung (durch Parteivereinbarung) nicht mehr wirksam ist, könnte man daher annehmen, dass auch keine Leistung vorliegt. Damit würde G aber in seinem berechtigten Vertrauen beeinträchtigt. Aus seinem objektiven Empfängerhorizont nämlich liegt eine Leistung des S vor. Da S den Vorgang zurechenbar veranlasst hat, ist ihm die Zuwendung auch als Leistung zurechenbar. Da G auch gutgläubig ist, lässt sich eine Leistungsbeziehung annehmen. Ein Anspruch des H gegen G aus § 812 Abs. 1 S. 1 Var. 2 ist somit gesperrt. Im Valutaverhältnis tritt entweder Erfüllung ein oder S muss sich die Autos nach § 812 Abs. 1 S. 1 Var. 1 zurückholen (s.o.).

Hat der (vermeintlich) Anweisende den Vorgang aber in keiner Weise veranlasst (s.o.), ist er aus der Rückabwicklung herauszuhalten und der Angewiesene hat eine Direktkondiktion (§ 812 Abs. 1 S. 1 Var. 2) gegen den Empfänger.

Bei den „Überweisungsfällen" war früher fraglich, wann ein Zahler den Zahlungsvorgang zurechenbar veranlasst hat.

Beispiel: Eine solche Veranlassung (und damit Leistung aus Rechtscheinsgründen) wurde von der Rspr. angenommen bei **Widerruf** des Zahlungsauftrags durch den Zahler und bei einer **Zuvielüberweisung** durch die Bank.

In diesen Fällen sollte somit bei Gutgläubigkeit des Empfängers eine Leistung vorliegen, sodass die Bank den Zahlungsbetrag nicht direkt vom Empfänger nach § 812 Abs. 1 S. 1 Var. 2 kondizieren konnte. Vielmehr konnte die Bank aus § 812 Abs. 1 S. 1 Var. 1 gegen den vermeintlich anweisenden Kunden vorgehen, wenn z.B. durch die Zahlung im Valutaverhältnis Erfüllung eingetreten ist.

Diese Rspr. wurde wegen § 675 u aufgegeben. Denn nach § 675 u S. 2 kann der Zahler bei einem nicht autorisierten Zahlungsvorgang von seiner Bank die Erstattung des Zahlungsbetrages verlangen. Damit zeigt der Gesetzgeber, dass der vermeintlich anweisende Zahler aus der Rückabwicklung herauszuhalten ist. Eine nicht autorisierte Zahlung (d.h. bei unwirksamem Zahlungsauftrag) ist dem Zahler somit nie als Leistung zurechenbar. Insbesondere bei unwirksamen Überweisungsaufträgen ist somit stets eine Direktkondiktion (§ 812 Abs. 1 S. 1 Var. 2) der Bank gegen den Zahlungsempfänger gegeben.

Drittleistung i.S.v. § 267

b) Ein **Dritter hat geleistet.**

Nach § 362 Abs. 1 erlischt das Schuldverhältnis, wenn die geschuldete Leistung an den Gläubiger „bewirkt wird". Dies macht zwar gewöhnlicherweise der Schuldner, doch kann nach § 267 im Zweifel **auch ein Dritter** an seiner Stelle die Leistung bewirken. In diesem Falle ist **nicht** der Schuldner „Leistender" i.S.d. § 812 Abs. 1 S. 1 Var. 1, sondern der Dritte. Besteht die Verpflichtung, auf die der Dritte geleistet hat, nicht, so steht nicht dem Schuldner, sondern dem Dritten die Leistungskondiktion gegenüber dem Empfänger zu.

2. Ausnahmen aufgrund einer besonderen Wertung

Leistungsempfänger nicht schutzbedürftig

a) Der **Leistungsempfänger** ist **nicht schutzbedürftig.**

Ist in den Anweisungsfällen der Leistungsempfänger bösgläubig, d.h., weiß er oder weiß er infolge grober Fahrlässigkeit nicht, dass die **Anweisung fehlerhaft** ist, so kann der nur scheinbar Angewiesene direkt beim Leistungsempfänger kondizieren (s.o.).

Beispiel: S hat G einen Scheck ausgestellt. Später lässt S den Scheck sperren und teilt dies G mit. G löst gleichwohl den Scheck bei der bezogenen B-Bank ein. Die B-Bank kann direkt bei G aus § 812 Abs. 1 S. 1 Var. 2 kondizieren.

b) Die Leistung erfolgt **„in erster Linie"** auf ein Schuldverhältnis. Simultanleistung

Falls eine Leistung gegenüber verschiedenen Personen in Betracht kommt, muss durch Wertung festgelegt werden, auf welche Rechtsbeziehung der Leistende „primär" geleistet hat.

Beispiel: Der Drittschuldner einer gepfändeten Forderung leistet in erster Linie nicht an den Schuldner (seinen Gläubiger), sondern an den pfändenden Gläubiger.

Weitere Einzelheiten finden Sie im AS-Skript Schuldrecht BT 3 (2019), Rn. 230 ff., sowie im AS-Fälle Schuldrecht BT 3 (2019), S. 76 ff.

Check zum Bereicherungsausgleich im Mehrpersonenverhältnis

1. Welchem Grundsatz folgt der Bereicherungsausgleich im Mehrpersonenverhältnis? Warum?

1. Grundsätzlich soll sich jeder nur mit dem auseinandersetzen, der an ihn geleistet hat. Deswegen erfolgt die Rückabwicklung im Mehrpersonenverhältnis grundsätzlich „über das Dreieck". Ließe man eine Direktkondiktion eines Dritten zu, so würden dem Empfänger damit alle Einwendungen abgeschnitten, die er gegenüber dem Leistenden hätte.

2. Was ist unter einer sog. Leistungskette zu verstehen?

2. Bei einer Leistungskette sind zwar mehrere Personen beteiligt, doch sind sie sozusagen „nicht miteinander", sondern „nur nacheinander" vertraglich verbunden. Es stehen jedem Gläubiger grundsätzlich nur Ansprüche gegen seinen Schuldner zu.

3. Wann liegt in der Regel ein „echter Dreiecksfalls" vor?

3. Ein echter Dreiecksfall liegt in der Regel vor, wenn ein Dritter die Zuwendung des Leistenden für dessen Rechnung an den Empfänger vermittelt, weil der Dritte dazu vom Leistenden verpflichtet oder angewiesen wurde.

4. Wann liegt ein sog. Anweisungsfall vor?

4. Ein Anweisungsfall liegt vor, wenn der Schuldner (Anweisender) einen Dritten (Angewiesener) anweist, den geschuldeten Gegenstand an seinen Gläubiger (Anweisungsempfänger) zu übertragen. Bei diesen Anweisungsfällen handelt es sich nur selten um eine Anweisung i.S.d. §§ 783 ff., sondern um eine auftrags- oder geschäftsbesorgungsrechtliche „Weisung".

5. Zwischen welchen Personen besteht bei Anweisungsfällen das Deckungsverhältnis und zwischen welchen das Valutaverhältnis?

5. Nur der Anweisende ist an beiden Rechtsverhältnissen beteiligt. Zwischen ihm und dem Angewiesenen besteht das Deckungsverhältnis. Zwischen dem Anweisenden und dem Zuwendungsempfänger besteht das Valutaverhältnis.

6. In welchen Fällen ist beim Bereicherungsausgleich im Mehrpersonenverhältnis ausnahmsweise eine Direktkondiktion möglich?

6. Gesetzliche Ausnahmen vom Grundsatz der Rückabwicklung „über das Dreieck" sind in § 816 Abs. 1 S. 2 und in § 822 geregelt. Weitere Ausnahmen können sich aufgrund des Leistungsbegriffs oder einer besonderen Wertung ergeben, z.B. wenn keine (zurechenbare) Leistung vorliegt, ein Dritter i.S.v. § 267 geleistet hat, der Leistungsempfänger nicht schutzwürdig ist oder die Leistung in erster Linie auf das zugrunde liegende Schuldverhältnis erfolgt.

4. Teil: Unerlaubte Handlungen

Das Recht der unerlaubten Handlungen (auch Deliktsrecht genannt) ist in erster Linie in den §§ 823 ff. geregelt. Aber auch außerhalb des BGB sind zahlreiche Anspruchsgrundlagen, die eine deliktische Haftung enthalten, zu finden – z.B. § 1 Abs. 1 ProdHaftG, §§ 7, 18 StVG.

Die Bezeichnung des Rechts der unerlaubten Handlung als Deliktsrecht leitet sich aus dem lateinischen „delictum" (= Vergehen, Übertretung) ab.

Das Deliktsrecht regelt, unter welchen Voraussetzungen jemand für einen Schaden, den ein anderer erleidet, – unabhängig vom Vorliegen einer Vertragsbeziehung – ersatzpflichtig ist.

!

*Das Deliktsrecht wird oft auch als das **Spiegelbild zum Bereicherungsrecht** bezeichnet: Während es bei den §§ 812 ff. um die Abschöpfung von ungerechtfertigten Bereicherungen geht, ist die zentrale Frage des Deliktsrechts der Ausgleich von Schäden.*

Vereinfacht gesagt lauten die Fragestellungen

- *im Bereicherungsrecht: Was hat der Anspruchsgegner (ungerechtfertigt) zu viel?*
- *im Deliktsrecht: Um was hat der Anspruchsgegner die geschützten Rechtspositionen des Anspruchstellers (rechtswidrig) vermindert?*

!

Für den nicht seltenen Fall, dass der Anspruchsgegner den Anspruchsteller geschädigt und sich gleichzeitig dadurch bereichert hat, kommen sowohl Ansprüche aus unerlaubter Handlung als auch aus ungerechtfertigter Bereicherung in Betracht.

Beispiel: A entwendet dem B dessen Armbanduhr.

B hat sowohl Ansprüche aus § 823 Abs. 1 als auch aus § 812 Abs. 1 S. 1 Alt. 2 gegen A, denn B hat einen Schaden erlitten (ihm fehlt seine Armbanduhr). Im Übrigen ist A um die Uhr ungerechtfertigt bereichert. Das Beispiel macht deutlich, dass das Deliktsrecht dem B das „geben" will, was er aufgrund der Handlung des A **„zu wenig"** hat, d.h., es geht um seinen Schaden. Das Bereicherungsrecht hat demgegenüber die Aufgabe, „zu nehmen", was A **„zu viel"** in seinem Vermögen hat.

Das BGB geht bei der deliktischen Haftung grundsätzlich vom **Verschuldensprinzip** aus, d.h., der Schädiger haftet nur, wenn er den Schaden rechtswidrig und schuldhaft verursacht hat. Dieses Verschulden muss der Anspruchsteller dem Schädiger in der Regel nachweisen, es wird jedoch in bestimmten Fällen vermutet, sodass der Schädiger haftet, wenn er sich nicht exkulpiert, also nicht nachweist, dass ihn kein Verschulden trifft.

In bestimmten Bereichen hat der Gesetzgeber ausnahmsweise eine **Gefährdungshaftung** angeordnet, bei der die Haftung – ohne Rücksicht auf Rechtswidrigkeit und Verschulden – daran anknüpft, dass sich eine zwar erlaubte, aber spezifische und vom Schädiger beherrschte Gefahr verwirklicht hat (z.B. Tierhalterhaftung für Luxustiere gemäß § 833 S. 1; Kfz-Halterhaftung nach § 7 Abs. 1 StVG).

Daraus ergibt sich folgende **Einteilung der deliktischen Haftungsgründe:**

§ 823 Abs. 1, § 823 Abs. 2 und § 826 sind die Grundtatbestände des Deliktsrechts und werden daher auch als „kleine Generalklauseln" bezeichnet.

- Haftung für nachgewiesenes Verschulden:
  z.B. §§ 823 Abs. 1, 823 Abs. 2, 826
- Haftung für vermutetes Verschulden:
  z.B. §§ 831, 832, § 18 Abs. 1 StVG
- Gefährdungshaftung:
  z.B. § 833 S. 1, § 1 Abs. 1 ProdHaftG, § 7 Abs. 1 StVG

Echte Anspruchskonkurrenz zwischen vertraglichen und deliktischen Ansprüchen

Das Deliktsrecht regelt lediglich, was von jedermann im Rechtsverkehr beachtet werden muss. Weitergehende Verpflichtungen können sich aus einer schuldrechtlichen Sonderverbindung, insbesondere aus einem Vertrag zwischen dem Schädiger und dem Geschädigten ergeben. In diesem Fall können Ansprüche aus unerlaubter Handlung und aus Vertragspflichtverletzung nebeneinander zum Zuge kommen **(echte Anspruchskonkurrenz)**.

Beispiel: Ein Handwerker, der in der Wohnung des A die Wände streichen soll, besudelt dabei die Möbel des A mit Farbe.

Da unerlaubte Handlungen ein gesetzliches Schuldverhältnis begründen, sind sie im Klausuraufbau nach den vertraglichen Ansprüchen zu erörtern. Sinnvollerweise sind vor den deliktischen Ansprüchen gegebenenfalls Ansprüche aus GoA sowie dingliche Ansprüche zu prüfen: Zum einen kann sich aus den Regeln über die GoA ein Rechtfertigungsgrund ergeben, zum anderen kann der Haftungsmaßstab analog § 680 modifiziert sein (vgl. oben 2. Teil, 2. Abschnitt, B. II. 1. [S. 14]); ferner kann bei Vorliegen einer Vindikationslage gemäß §§ 985, 986 die Anwendung der deliktischen Regeln gesperrt sein, vgl. § 993 Abs. 1 a.E.

Im Folgenden werden die wichtigsten Haftungstatbestände des Deliktsrechts näher erörtert.

1. Abschnitt: Grundtatbestand des § 823 Abs. 1

Aufbauschema: § 823 Abs. 1

I. **Voraussetzungen** (haftungsbegründender Tatbestand)

1. **Tatbestand**

a) **Rechtsgut- oder Rechtsverletzung**

aa) **Benannte Rechte und Rechtsgüter**

- Leben
- Körper, Gesundheit
- Freiheit
- Eigentum

bb) **Sonstige Rechte**

b) **Durch ein Verhalten, das dem Anspruchsgegner zuzurechnen ist**

aa) Verhalten: positives Tun oder Unterlassen, wenn Garantenstellung

bb) Äquivalenz

cc) Adäquanz

dd) Schutzzweck der Norm

2. **Rechtswidrigkeit**

3. **Verschulden**

a) **Verschuldensfähigkeit**, §§ 827, 828

b) **Verschuldensgrad:** Vorsatz und jede Art von Fahrlässigkeit, § 276

II. **Rechtsfolge** (haftungsausfüllender Tatbestand)

Ersatz des durch die Rechts(gut)verletzung zurechenbar verursachten Schadens

1. **Ermittlung des zurechenbaren Schadens**

a) **Schadensermittlung**

b) **Kausalität und Zurechnung**

aa) Äquivalenz

bb) Adäquanz

cc) Schutzzweck der Norm

2. **Schadensausgleich gemäß §§ 249 ff.**

3. **Mitverschulden des Geschädigten, § 254**

Die Haftung nach § 823 Abs. 1 setzt voraus, dass der Anspruchsgegner rechtswidrig und schuldhaft die genannten Rechtsgüter (Leben, Körper, Gesundheit, Freiheit), das Eigentum oder sonstige absolute Rechte eines anderen verletzt hat und dass diesem anderen daraus ein Schaden entstanden ist.

!

***Wichtig:** Reine **Vermögensverletzungen** werden durch § 823 Abs. 1 nicht geschützt. Vielfach wird auch missverständlich formuliert, § 823 Abs. 1 ersetze „keine Vermögensschäden". Richtig ist, dass § 823 Abs. 1 nur solche Vermögensschäden ersetzt, die auf einer Verletzung der in dieser Vorschrift genannten absolut geschützten Rechte oder Rechtsgüter beruhen.*

Beispiel: Kaufmann K wirbt seinem Konkurrenten M einen Kunden ab, wodurch M Gewinn entgeht, sodass er einen Schaden an seinem Vermögen erleidet.

M steht kein Ersatzanspruch aus § 823 Abs. 1 zu, weil K lediglich das Vermögen des M beeinträchtigt hat, also kein absolut geschütztes Recht oder Rechtsgut i.S.v. § 823 Abs. 1 verletzt hat (eventuell kommt, je nach den Umständen der Abwerbung, § 823 Abs. 2 i.V.m. dem UWG zum Zuge).

Bei der Prüfung eines Anspruchs aus § 823 Abs. 1 muss sorgfältig zwischen den Voraussetzungen (*haftungsbegründender Tatbestand*) und der Rechtsfolge (*haftungsausfüllender Tatbestand*) getrennt werden. Der haftungsbegründende Tatbestand ist seinerseits dreistufig gegliedert in Tatbestand, Rechtswidrigkeit und Schuld. Der Tatbestand des § 823 Abs. 1 erfordert eine Rechts(gut)verletzung durch ein Verhalten, das dem Anspruchsgegner zuzurechnen ist.

A. Rechts(gut)verletzung

§ 823 Abs. 1 schützt die Rechtspositionen Leben, Körper, Gesundheit, Freiheit sowie das Eigentum und sonstige Rechte.

I. Leben

Beachte: §§ 844, 845 sind keine eigenständigen Anspruchsgrundlagen, da sie bereits einen Ersatzpflichtigen voraussetzen. Daher müssen diese Normen im Obersatz einer Klausur immer mit einer deliktischen Anspruchsgrundlage kombiniert werden.

Eine Verletzung des Lebens liegt im Fall der Tötung eines anderen Menschen vor. §§ 844, 845 regeln, dass bestimmte, durch die Tötung mittelbar geschädigte Personen unter gewissen Voraussetzungen Ersatz der Beerdigungskosten, entgangenen Unterhalt sowie entgangene Dienstleistung verlangen können. Nach § 844 Abs. 3, der am 22.07.2017 in Kraft getreten ist, können Angehörige darüber hinaus bei Unfällen mit Todesfolge, die sich nach dem Inkrafttreten der Regelung ereignet haben, Schadensersatz in Geld wegen ihres immateriellen Schadens verlangen.

Beispiel: M hat den G am 04.08.2020 bei einem Fahrradunfall aus Fahrlässigkeit tödlich verletzt. G hinterlässt die minderjährigen Kinder A und B.

M hat den G durch sein Verhalten – Anfahren mit dem Fahrrad – rechtswidrig und schuldhaft getötet und verwirklicht somit den haftungsbegründenden Tatbestand des § 823 Abs. 1. Den Kindern A und B stand zu Lebzeiten ihres Vaters G ein Unterhaltsanspruch gegen diesen aus § 1601 zu, der ihnen durch die Tötung des G entzogen wurde. A und B steht daher gegen M ein Anspruch auf Ersatz dieses entgangenen Unterhalts aus § 844 Abs. 2 i.V.m. § 823 Abs. 1 zu. Ferner haben A und B einen Anspruch auf angemessene Entschädigung in Geld gemäß § 844 Abs. 3 i.V.m. § 823 Abs. 1.

II. Körper- und Gesundheitsverletzung

Eine Körperverletzung ist jeder äußere Eingriff in die körperliche Unversehrtheit. Eine Gesundheitsverletzung liegt vor, wenn die inneren Lebensvorgänge gestört sind.

Die Übergänge zwischen Körper- und Gesundheitsverletzung sind fließend, was aber für die rechtliche Behandlung nach § 823 Abs. 1 von geringer praktischer Bedeutung ist.

Klassische Klausurprobleme ergeben sich bei folgenden Fragestellungen:

- Stellt der **ärztliche Heileingriff** eine Körperverletzung dar?

  Auch der nach den Regeln der ärztlichen Kunst und mit Erfolg durchgeführte ärztliche Heileingriff ist eine tatbestandsmäßige Körperverletzung. Allerdings entfällt die Rechtswidrigkeit, wenn der Eingriff von einer wirksam erteilten Einwilligung abgedeckt ist.

- Ist die **Zerstörung oder Beschädigung abgetrennter Körperbestandteile** eine Körperverletzung?

  Entscheidend ist, ob die Körperbestandteile nach ihrer Abtrennung vom Körper noch zu diesem gehören oder ob der Betroffene dann Sacheigentum an den abgetrennten Körperteilen erlangt hat. Die Rspr. differenziert in ihrer Beurteilung:

  - Soll die **Abtrennung** vom Körper **dauerhaft** sein – z.B. bei einer Nierenspende -, dann gehört der abgetrennte Körperteil nicht mehr zum Körper, sondern der Betroffene erlangt an dem Körperteil Sacheigentum. Folglich liegt im Fall der Vernichtung oder Beschädigung nur eine Eigentumsverletzung und keine Körperverletzung vor.

  - Soll die **Abtrennung nur vorübergehend** erfolgen – der abgetrennte Körperbestandteil also später dem eigenen Körper wieder zugeführt werden, z.B. bei einer Eigenblutspende –, so bleibt der abgetrennte Teil auch während der Trennung Bestandteil des Körpers, sodass eine Zerstörung oder Beschädigung eine Körperverletzung darstellt.

! *Wichtig ist die Kenntnis dieser Differenzierung für mögliche Schmerzensgeldansprüche des Betroffenen, da § 253 Abs. 2 eine Körper- oder Gesundheitsverletzung voraussetzt.*

- Ist die **Schädigung der Leibesfrucht** eine Körperverletzung?

Gemäß § 1 beginnt die Rechtsfähigkeit eines Menschen mit der Vollendung der Geburt, sodass die Schädigung der Leibesfrucht mangels Rechtsfähigkeit des Nasciturus keine Körper- oder Gesundheitsverletzung darstellt. Für eine Körper- bzw. Gesundheitsverletzung i.S.v. § 823 Abs. 1 ist es jedoch ausreichend, dass sich die schädigende Handlung an einem rechtsfähigen Menschen auswirkt. Infolgedessen wird die Schädigung der Leibesfrucht mit Vollendung der Geburt zu einer tatbestandsmäßigen Körper- und Gesundheitsverletzung des lebend geborenen Kindes, wenn das Kind durch die Verletzungshandlung mit einer Behinderung geboren wird.

- Sind **psychische Beeinträchtigungen** Gesundheitsverletzungen?

Die Einschränkung ist notwendig, damit die deliktische Haftung in diesem Bereich nicht ausufert.

Eine psychische Beeinträchtigung stellt eine Gesundheitsverletzung dar, wenn die Beeinträchtigung einen echten (pathologischen) Krankheitswert hat – es also zu medizinisch diagnostizierbaren Folgewirkungen kommt.

III. Freiheit

Mit Freiheitsverletzung i.S.v. § 823 Abs. 1 ist nicht jede, die freie Willensbetätigung ausschließende Einwirkung gemeint. Erforderlich ist vielmehr die Entziehung der körperlichen Bewegungsfreiheit oder die Nötigung zu einer Handlung durch Drohung, Zwang oder Täuschung.

Beispiel: Einsperren einer Person

IV. Eigentum

Eine Eigentumsverletzung liegt vor, wenn in die Befugnisse des Eigentümers, mit der Sache grundsätzlich nach Belieben zu verfahren (Nutzungsrecht, vgl. § 903) und andere von jeder Einwirkung auszuschließen (Abwehrrecht, vgl. § 903), eingegriffen wird.

Man unterscheidet **5 Fallgruppen:**

- Substanzverletzung
- Sachentzug
- Gebrauchsbeeinträchtigung
- rechtliche Beeinträchtigung
- Immissionen

1. Substanzverletzung

a) Vorher intakte Sache

Eine Eigentumsverletzung in Form der Substanzverletzung ist gegeben, wenn eine vorher intakte Sache beschädigt oder zerstört wird.

Beispiel: Beim Fußballspielen schießt M den Ball durch die Wohnzimmerscheibe des E, die in tausend Stücke zerspringt.

b) Mangelbehaftete Sache

Problematisch ist das Vorliegen einer Eigentumsverletzung, wenn z.B. der Käufer einer Sache **infolge eines Mangels** der Sache einen Nachteil erleidet. Hierbei ist nach h.M. wie folgt zu unterscheiden:

aa) Ursprünglicher Mangel

Soweit es **nur** um den **bei Eigentumserwerb bereits vorhandenen Mangel** geht, scheidet § 823 Abs. 1 schon begrifflich aus, da der Käufer zu keinem Zeitpunkt mangelfreies, also unbeschädigtes Eigentum hatte.

Beispiel: K erwirbt eine Vase, die einen Sprung hat.

K kann keinen Schadensersatz nach § 823 Abs. 1 verlangen, da der von vornherein vorhandene Sprung in der Vase keine Eigentumsverletzung ist. Die Rechte des K beurteilen sich ausschließlich nach den §§ 434 ff.

bb) Weiterfressender Mangel

Problem des sog. „Weiterfressermangels"

Fraglich ist, ob bei Lieferung einer mangelhaften Sache, deren Mangelhaftigkeit zunächst auf einen Teilbereich beschränkt ist und bei der sich der ursprüngliche Mangel dann auf weitere Teile der Sache ausdehnt („weiterfressender Mangel"), eine Eigentumsverletzung gegeben ist.

Beispiel: Werkstattbesitzer P bestellt bei dem Unternehmer U eine Ölreinigungsanlage. Die Reinigung und Entfettung geschieht mittels Erhitzens und Verdampfens einer reinigenden Flüssigkeit. Das Aufheizen der Flüssigkeit erfolgt über Heizdrähte, die in der Flüssigkeit liegen und immer von dieser bedeckt sein müssen. Dies soll durch einen sog. „Schwimmschalter" gewährleistet werden, der auf der Flüssigkeit schwimmt und den Strom für die Heizdrähte abstellt, wenn die Flüssigkeit unter einen bestimmten Pegel absinkt. Nach einiger Zeit des Gebrauchs versagte ein defekter Schwimmschalter. Infolgedessen kommt es zu einem Brand, bei dem die gesamte Anlage zerstört wird. Liegt eine Eigentumsverletzung vor?

Allein die Lieferung einer mangelhaften Sache – Ölreinigungsanlage mit defektem Schwimmschalter – ist keine Verletzung des Eigentums, da der Käufer P von Beginn an nur das Eigentum an dieser mangelhaften Sache erworben hat. Wenn die Sache allerdings zunächst nur teilweise defekt war – im obigen Beispiel nur bzgl. des Schwimmschalters – und dieser ursprüngliche Mangel sich später auf die gesamte Sache – übrige Anlage – ausdehnt, könnte doch eine Eigentumsverletzung gegeben sein.

Die Rspr. löst die Problematik des „weiterfressenden Mangels" durch eine Abgrenzung der Schutzbereiche des vertraglichen Gewährleistungsrechts (= Schutz des Äquivalenzinteresses, d.h. die auf den Erwerb einer mangelfreien Sache gerichtete Vertragserwartung) und des Deliktsrechts (= Schutz des Integritätsinteresses, d.h. Schutz des Eigentümers vor Zerstörung, Beschädigung, etc. seiner Sachen) über das **Kriterium der Stoffgleichheit**: Besteht zwischen dem ursprünglichen Mangel und dem später eingetretenen Schaden „Stoffgleichheit", ist nur das Äquivalenzinteresse beeinträchtigt, sodass eine Eigentumsverletzung ausscheidet, besteht keine Stoffgleichheit, so ist über das Äquivalenzinteresse hinaus auch das Integritätsinteresse verletzt, sodass eine Eigentumsverletzung vorliegt.

Stoffgleichheit liegt vor,

- wenn die Sache aufgrund des ursprünglichen Mangels von vornherein nicht oder nur sehr eingeschränkt verwendbar ist oder
- wenn der Mangel technisch nicht behebbar ist oder
- wenn der Mangel nicht wirtschaftlich vertretbar zu beheben ist.

! Beachte:
Die Problematik des weiterfressenden Mangels ist ein Klausurklassiker. Daher müssen Sie sich die Abgrenzung über die Stoffgleichheit und deren Fallgruppen unbedingt einprägen!

Bezogen auf das obige Beispiel bedeutet die Anwendung dieser Grundsätze, dass eine Eigentumsverletzung gegeben ist: Die Ölreinigungsmaschine war trotz des ursprünglichen Mangels – defekter Schwimmschalter – einsatzfähig und der defekte Schwimmschalter hätte technisch gesehen unproblematisch ausgetauscht werden können und dies wäre wirtschaftlich betrachtet auch vertretbar gewesen. Folglich bestand zwischen dem ursprünglichen Mangel – defekter Schwimmschalter – und dem später eingetretenen Schaden – Zerstörung der kompletten Anlage – keine Stoffgleichheit, sodass über das Äquivalenzinteresse hinaus auch das Integritätsinteresse verletzt worden ist und daher eine Eigentumsverletzung vorliegt.

2. Sachentzug

Eine Eigentumsverletzung ist auch gegeben, wenn dem Eigentümer die Sachherrschaft dauernd oder vorübergehend entzogen wird.

Beispiel: Dieb D entwendet dem E dessen Pkw.

Problematisch ist in diesem Fall jedoch die Anwendbarkeit des Deliktsrechts, da die Vorschriften über das Eigentümer-Besitzer-Verhältnis abschließenden Charakter haben und daher grundsätzlich die Anwendbarkeit der §§ 823 ff. ausschließen.

3. Gebrauchsbeeinträchtigung

Eine Gebrauchsbeeinträchtigung ist eine Eigentumsverletzung, wenn eine nicht unerhebliche Beeinträchtigung der bestimmungsgemäßen Verwendung der Sache vorliegt; eine nur vorübergehende Einschränkung der wirtschaftlichen Nutzungsmöglichkeit ist nicht ausreichend. Ob eine wesentliche Beeinträchtigung der bestimmungsgemäßen Verwendung gegeben ist, muss im Einzelfall durch eine Abwägung nach Anlass, Dauer und Auswirkungen des Eingriffs beurteilt werden.

Beispiel: Infolge des Bruchs einer Ufermauer wird ein Kanal, der die einzige Zufahrt zur Mühle des M darstellt, für längere Zeit gesperrt. Ein Motorschiff des Reeders R – die MS Christel – bleibt acht Monate eingeschlossen. Liegt eine Eigentumsverletzung vor?

R konnte das eingeschlossene Schiff aufgrund eines Umstands, mit dem man üblicherweise nicht zu rechnen hat, für einen erheblichen Zeitraum gar nicht mehr vernünftig nutzen. Infolgedessen ist nach Anlass, Dauer und Auswirkungen des Eingriffs eine nicht unerhebliche Beeinträchtigung der bestimmungsgemäßen Verwendung der Sache gegeben, sodass eine Eigentumsverletzung vorliegt.

Wäre das Schiff demgegenüber „ausgesperrt" worden, hätte also die Zufahrt zur Mühle nicht befahren können, läge keine Eigentumsverletzung vor, da eine anderweitige Nutzungsmöglichkeit gegeben ist.

4. Rechtliche Beeinträchtigung

Eine rechtliche Beeinträchtigung des Eigentums ist gegeben, wenn die rechtliche Zuordnung des Eigentums verändert wird. Ob dadurch eine Haftung gemäß § 823 Abs. 1 begründet wird, hängt davon ab, ob es sich um zulässige oder unzulässige Beeinträchtigungen handelt:

- Unzulässige rechtliche Beeinträchtigungen (= solche, die das Gesetz nicht gestattet) stellen eine rechtswidrige Eigentumsverletzung dar und begründen bei Verschulden des Schädigers eine Ersatzpflicht gemäß § 823 Abs. 1.

  Beispiel: Verfügung eines Nichtberechtigten

- Zulässige rechtliche Beeinträchtigungen (= solche, die das Gesetz gestattet) verstoßen nicht gegen die Rechtsordnung, sodass die Eigentumsverletzung gerechtfertigt ist.

  Beispiel: Gutgläubiger Erwerb gemäß §§ 932 ff.

! *Bei rechtlichen Beeinträchtigungen ist folglich die Frage, ob eine Eigentumsverletzung gegeben ist, in der Regel unproblematisch; schwierig kann im Einzelfall die Beurteilung der Rechtswidrigkeit sein.*

5. Immissionen

Immaterielle Immissionen, z.B. hässlicher Anblick des Nachbargrundstücks, stellen nach h.M. keine Eigentumsverletzung dar.

Immissionen, die über die Duldungspflicht gemäß § 906 hinausgehen, stellen eine Eigentumsverletzung dar. Dies gilt zunächst für sog. **„Grobimmissionen"**, da diese **nicht** unter die Duldungspflicht nach § 906 fallen.

Beispiel: Durch Sprengarbeiten im Steinbruch des A fallen Steine auf das Grundstück des B.

Bei **„Feinimmissionen"** ist dagegen die Einschränkung des § 906 zu beachten.

Beispiel: Buchhalter P ist in ein kleines Dorf gezogen. Sein Nachbar, der Bauer G, verursacht – wie alle anderen Bauern in dem Dorf – durch seinen Betrieb äußerst rustikale Gerüche, die den P beim Grillen in seinem Garten beeinträchtigen. Auch ärgert sich P über das stündliche Läuten der Kirchenglocke.

P ist in allen Fällen nach § 906 zur Duldung verpflichtet, da die Immissionen ortsüblich sind. Eine Eigentumsverletzung liegt ihm gegenüber nicht vor.

V. Sonstige Rechte

In § 823 Abs. 1 ist lediglich ein Recht genannt – das Eigentum. Bei den anderen genannten Rechtspositionen handelt es sich nicht um erwerbbare Rechte, sondern um Rechtsgüter. Folglich müssen die sonstigen Rechte mit dem einzigen genannten Recht – Eigentum – vergleichbar sein. Da es sich beim Eigentum gemäß § 903 um ein absolutes Recht handelt, also um ein Recht, das gegen jedermann gerichtet ist, müssen die sonstigen Rechte ebenfalls absolute Rechte sein.

Sonstige Rechte = absolute Rechte

Zu den sonstigen Rechten gehören z.B.:

- Beschränkt dingliche Rechte

  Beispiel: Pfandrechte, Hypotheken, Grundschulden

- Dingliche Anwartschaftsrechte

- Absolute Immaterialgüterrechte

  Beispiel: Patentrechte, Urheberrechte

- Mitgliedschaftsrechte

  Beispiel: Geschäftsanteil an einer GmbH

Ein Deliktsschutz wird hingegen nicht gewährt, wenn lediglich relative (nur von den daran beteiligten Personen zu beachtende) Rechte betroffen sind.

Beispiel: Eingriff in fremde Forderungen: A zieht beim Schuldner S eine dem G zustehende Forderung ein. Hiergegen wird G nicht deliktsrechtlich geschützt (wohl aber bereicherungsrechtlich, vgl. § 816 Abs. 2).

Besondere Klausurrelevanz kommt folgenden sonstigen Rechten zu:

1. Deliktischer Schutz des Besitzes

Nach h.M. genießt der unmittelbare und mittelbare Besitz (§§ 854, 868) Deliktsschutz. Zwar ist der Besitz kein „Recht", jedoch schützt das Gesetz über die §§ 861, 1007 auch die vermögenswerte Nutzung des Besitzes ähnlich einem absoluten Recht gegenüber jedermann.

Besitz als „sonstiges Recht"?

Der deliktische Besitzschutz ist nach h.M. dahingehend einzuschränken, dass nur der **berechtigte** Besitz erfasst ist, da nur der berechtigte Besitz mit Nutzungs- und Abwehrrechten verbunden und daher mit dem Eigentum vergleichbar ist. Dem unberechtigten Besitzer stehen zwar ebenfalls Abwehrrechte zu, vgl. §§ 858 ff., da ihm jedoch ein Nutzungsrecht fehlt, liegt keine Vergleichbarkeit mit dem Eigentum vor.

Liegt eine rechtswidrige und schuldhafte Besitzverletzung vor, so muss im Hinblick auf den ersatzfähigen Schaden differenziert werden:

Besitzverletzung – Schaden

- Grundsätzlich erhält der Besitzer nur den sog. **Nutzungsschaden** ersetzt – also den Nachteil, der ihm daraus erwächst, dass er die Sache nicht oder nicht so gebrauchen kann, wie er es eigentlich möchte. Demgegenüber erhält der Besitzer den Schaden an der Sachsubstanz, sog. Substanzschaden, in der Regel nicht ersetzt, da dieser Nachteil nicht ihn, sondern den Eigentümer trifft.

  Beispiel: Aufgrund eines von U fahrlässig verursachten Unfalls, muss der Mietwagen des A für zwei Tage in die Reparatur. Für diesen Zeitraum mietet A einen anderen Pkw an.

  U hat den berechtigten Besitz des A rechtswidrig und schuldhaft verletzt und muss dem A daher den aus der Besitzverletzung resultierenden Schaden ersetzen. Wegen des Unfalls konnte A seinen Mietwagen für zwei Tage nicht nutzen. Daher erhält A von U die Kosten für die zweitägige Anmietung eines weiteren Fahrzeugs ersetzt. Die Kosten für die Reparatur des Mietwagens stellen einen Substanzschaden dar, den nicht A, sondern der Eigentümer des Pkw von U ersetzt erhält.

- Den Substanzschaden erhält der Besitzer nur ausnahmsweise ersetzt – nämlich immer dann, wenn er aus irgendeinem Grund dem Eigentümer für die Substanzverletzung, die ein Dritter verursacht hat, verantwortlich ist.
  - Dies kann sich aus einer vertraglichen Vereinbarung zwischen Eigentümer und Besitzer ergeben, sog. **Haftungsschaden**.
  - Der Besitzer kann aber auch aufgrund vertraglicher Gefahrtragungsregeln für die Sachsubstanz verantwortlich sein, sog. **Erfüllungsschaden**.

2. Deliktischer Schutz der Familienrechte

Räumlich-gegenständlicher Ehebereich

Deliktischen und damit absoluten Schutz nach § 823 Abs. 1 genießen das **elterliche Sorgerecht** und der **„räumlich-gegenständliche Bereich" der Ehe**.

Beispiel: A lässt seine Geliebte in die Ehewohnung einziehen. Seiner Frau F erklärt er, eine Ehe zu dritt sei doch viel anregender.

Mit dem Einzug der Geliebten in die Ehewohnung ist der räumlich-gegenständliche Ehebereich verletzt, sodass F sich auf den Schutz des § 823 Abs. 1 berufen und von der Geliebten das Verlassen der Wohnung verlangen kann.

Zu beachten ist aber, dass nicht jeder Eingriff Dritter in die Ehe den Schutz des § 823 Abs. 1 für sich beanspruchen kann.

Beispiel: Ehemann A hat eine Geliebte. Ehefrau F hat einen Detektiv eingeschaltet, um Gewissheit über die Affäre ihres Ehegatten zu erlangen und verlangt Ersatz der Detektivkosten.

Da der räumlich-gegenständliche Ehebereich **nicht** betroffen ist, muss F die Detektivkosten selbst bezahlen.

3. Allgemeines Persönlichkeitsrecht

a) Herleitung

Das allgemeine Persönlichkeitsrecht ist das Recht des Einzelnen auf Achtung seiner Menschenwürde und auf Entfaltung seiner individuellen Persönlichkeit. Es wird von der Rspr. aus Art. 2 Abs. 1, 1 Abs. 1 GG abgeleitet und als sonstiges Recht i.S.v. § 823 Abs. 1 anerkannt, um Lücken des Haftungsrechts, welches in der Regel keinen speziellen Schutz der Persönlichkeit vorsieht, zu schließen.

b) Anwendbarkeit

Wegen dieser Funktion als „Lückenfüller" handelt es sich beim allgemeinen Persönlichkeitsrecht um einen Auffangtatbestand, d.h., es ist nur **subsidiär** anwendbar und kommt daher nicht zur Anwendung, wenn – ausnahmsweise – spezielle gesetzliche Regelungen vorhanden sind, die die Rechte wegen der Verletzung des allgemeinen Persönlichkeitsrechts abschließend regeln.

Normen zum Schutz vor bestimmten Beeinträchtigung des APR:

- Namensrecht, § 12
- Recht am eigenen Bild, §§ 22 ff. KUG

c) Eingriff in den Schutzbereich

Der generalklauselartige Schutzbereich des allgemeinen Persönlichkeitsrechts wird anhand von Fallgruppen konkretisiert, die nicht abschließend sind und sich teilweise überschneiden.

Bei natürlichen Personen wird zwischen der Intimsphäre (= innere Gefühls- und Gedankenwelt), Privatsphäre (= vornehmlich der familiäre und häusliche Bereich) und Individualsphäre (= Ansehen in der Öffentlichkeit und im beruflichen Bereich) differenziert, wobei der Schutzumfang von Sphäre zu Sphäre geringer wird.

Individualsphäre wird auch als Sozialsphäre bezeichnet.

d) Rechtswidrigkeit

Aufgrund dieses nicht klar umrissenen Schutzbereichs wird nicht jeder Eingriff in das allgemeine Persönlichkeitsrecht von der Rechtsordnung missbilligt. Es handelt sich vielmehr um ein sog. **„Rahmenrecht"**, bei dem die Rechtswidrigkeit durch eine umfassende Güter- und Interessenabwägung im Einzelfall positiv festzustellen ist.

Kriterien für diese Abwägung sind u.a. die verletzte Sphäre, die Schwere des Eingriffs (z.B. Formalbeleidigungen, Schmähkritik), Wahrnehmung von Grundrechten durch den Anspruchsgegner (Pressefreiheit, Meinungsfreiheit etc.), der Anlass für den Eingriff und besondere Rechtfertigungsgründe (z.B. § 193 StGB analog).

Beispiel: Eine Zeitung berichtet darüber, dass Prinz Ernst August von Hannover seinen Führerschein wegen einer erheblichen Geschwindigkeitsüberschreitung für einen Monat abgeben musste.

Diese Berichterstattung berührt das Ansehen von Prinz Ernst August in der Öffentlichkeit und stellt daher einen Eingriff in seine Individualsphäre dar. Dieser Eingriff ist jedoch wegen des überwiegenden Informationsinteresses der Öffentlichkeit über vorgefallene Straftaten gerechtfertigt.

! ***Beachte:** Die Abwägung im Rahmen der Rechtswidrigkeit bildet in Klausuren oftmals den Schwerpunkt, sodass an dieser Stelle besonders sorgfältig argumentiert werden muss.*

e) Konsequenzen für die Prüfung

Daraus ergibt sich folgendes Aufbauschema bei der Prüfung des § 823 Abs. 1 wegen Verletzung des allgemeinen Persönlichkeitsrechts:

Prüfung des § 823 Abs. 1 wegen Verletzung des APR
I. Anwendbarkeit
II. Eingriff in den Schutzbereich
III. Rechtswidrigkeit
IV. Verschulden

4. Eingerichteter und ausgeübter Gewerbebetrieb

a) Herleitung

Das Recht am eingerichteten und ausgeübten Gewerbebetrieb wird von der Rspr. aus Art. 14 GG abgeleitet und als sonstiges Recht i.S.v. § 823 Abs. 1 anerkannt, um Lücken des Haftungsrechts im Unternehmensschutz zu schließen.

b) Anwendbarkeit

Infolgedessen handelt es sich auch beim Recht am eingerichteten und ausgeübten Gewerbebetrieb um einen Auffangtatbestand, der nur **subsidiär** anwendbar ist.

Die Subsidiarität des Rechts am eingerichteten und ausgeübten Gewerbebetrieb besteht auch gegenüber Normen außerhalb des BGB, z.B. aus dem UWG oder GWB.

Beispiel: Bei einem Unfall wird der Geschäftswagen des Kaufmanns K beschädigt.

§ 823 Abs. 1 ist bereits unter dem Gesichtspunkt der Eigentumsverletzung verwirklicht, sodass für die Anwendung des Rechts am eingerichteten und ausgeübten Gewerbebetrieb wegen seines subsidiären Charakters kein Raum ist.

c) Eingriff in den Schutzbereich

Ein eingerichteter und ausgeübter Gewerbebetrieb erfordert eine erlaubte, selbstständige, auf Gewinnerzielung gerichtete und auf gewisse Dauer angelegte Tätigkeit.

Nach h.M. unterfallen auch freiberufliche Tätigkeiten dem Gewerbebegriff des § 823 Abs. 1.

Der Eingriff muss nach h.M. **betriebsbezogen**, d.h. gegen den Betrieb als solchen gerichtet sein. Der Eingriff muss sich spezifisch gegen den betrieblichen Organismus oder die unternehmerische Entscheidungsfreiheit richten. Durch das Erfordernis des betriebsbezogenen Eingriffs will die Rspr. sicherstellen, dass der Gewerbetreibende nur dann in besonderer Weise deliktisch geschützt wird, wenn er auch wirklich als Gewerbetreibender und nicht wie eine beliebige Privatperson beeinträchtigt wurde.

Beispiele: Streik, Veröffentlichung eines Warentestergebnisses durch die Stiftung Warentest, Zusenden von unerwünschten Werbe-E-Mails

Demgegenüber fehlt ein betriebsbezogener Eingriff, wenn der Eingriff nur vom Gewerbebetrieb ohne weiteres ablösbare Rechte oder Rechtsgüter betrifft.

Beispiel: Durch einen Verkehrsunfall wird der Eiskunstlaufpartner der K verletzt, sodass sie monatelang nicht auftreten können und der K erhebliche Auftrittsgelder entgehen.

Dem Unfallereignis fehlt jeder Bezug zur sportlichen Betätigung der K und ihres Partners, sodass K den Unfallverursacher mangels Betriebsbezogenheit des Eingriffs nicht aus § 823 Abs. 1 auf Schadensersatz in Anspruch nehmen kann.

! ***Klausurtipp:*** *Immer wenn die Beeinträchtigung des Gewerbebetriebs zufällig erfolgt ist, liegt keine Betriebsbezogenheit des Eingriffs vor.*

d) Rechtswidrigkeit

Ferner muss die Rechtswidrigkeit beim Eingriff in den eingerichteten und ausgeübten Gewerbebetrieb durch eine umfassende Interessen- und Güterabwägung positiv festgestellt werden, da es sich auch beim Gewerbebetrieb um ein sog. Rahmenrecht handelt. D.h., nur wenn die Abwägung zugunsten des Geschädigten ausfällt, ist der Eingriff in den Gewerbebetrieb rechtswidrig.

Kriterien für diese Abwägung sind u.a. die Art und die Schwere des Eingriffs sowie die Wahrnehmung von Grundrechten durch den Anspruchsgegner.

Beispiel: Stiftung Warentest beurteilt eine Kaffeemaschine des Herstellers H nach korrekt durchgeführten Tests als mangelhaft.

Die Veröffentlichung des Testergebnisses stellt einen betriebsbezogenen Eingriff in den eingerichteten und ausgeübten Gewerbebetrieb des H dar. Der Eingriff ist jedoch wegen des überwiegenden Verbraucherschutzes und Informationsinteresses der Öffentlichkeit gerechtfertigt.

e) Konsequenzen für die Prüfung

Daraus ergibt sich folgendes Aufbauschema bei der Prüfung des § 823 Abs. 1 wegen Verletzung des Rechts am eingerichteten und ausgeübten Gewerbebetrieb:

Prüfung des § 823 Abs. 1 wegen Verletzung des Rechts am eingerichteten und ausgeübten Gewerbebetrieb
I. Anwendbarkeit
II. Eingriff in den Schutzbereich
III. Rechtswidrigkeit
IV. Verschulden

1. Sind psychische Beeinträchtigungen eine Gesundheitsverletzung?	**1.** Um eine Ausuferung der deliktischen Haftung zu vermeiden, sind psychische Beeinträchtigungen nur dann eine Gesundheitsverletzung, wenn die Beeinträchtigung einen medizinisch diagnostizierbaren Krankheitswert aufweist, also pathologisch ist, z.B. Depressionen, Schlafstörungen, Panikattacken.
2. Was ist ein weiterfressender Mangel?	**2.** Von einem weiterfressenden Mangel spricht man, wenn bei Lieferung einer mangelhaften Sache, deren Mangelhaftigkeit zunächst auf einen Teilbereich beschränkt ist und sich dieser Mangel später auf weitere Teile der Sache ausdehnt.
3. Nach welchem Kriterium beurteilt die Rspr., ob im Fall des weiterfressenden Mangels eine Eigentumsverletzung gegeben ist?	**3.** Die Rspr. löst die Problematik des „weiterfressenden Mangels" über das Kriterium der Stoffgleichheit: Besteht zwischen dem ursprünglichen Mangel und dem später eingetretenen Schaden „Stoffgleichheit", ist nur das Äquivalenzinteresse beeinträchtigt, sodass eine Eigentumsverletzung ausscheidet (nur Gewährleistungsrecht findet Anwendung), besteht keine Stoffgleichheit, so ist über das Äquivalenzinteresse hinaus auch das Integritätsinteresse verletzt, sodass eine Eigentumsverletzung vorliegt (Deliktsrecht findet neben Gewährleistungsrecht Anwendung).
4. Warum müssen sonstige Rechte absolute Rechte sein?	**4.** Sonstige Rechte müssen absolute Rechte sein, weil sie mit dem einzigen in § 823 Abs. 1 genannten Recht – dem Eigentum – vergleichbar sein müssen und es sich beim Eigentum gemäß § 903 um ein absolutes Recht handelt.
5. Was sind Rahmenrechte?	**5.** Rahmenrechte sind Rechtspositionen, die von der Rechtsordnung anerkannt werden, bei denen aber nicht jeder Eingriff missbilligt wird, sodass die Rechtswidrigkeit nicht durch die Verwirklichung des Tatbestands indiziert ist, sondern durch eine umfassende Interessen- und Güterabwägung positiv festgestellt werden muss. Rahmenrechte sind das allgemeine Persönlichkeitsrecht sowie das Recht am eingerichteten und ausgeübten Gewerbebetrieb.
6. Wie muss der Eingriff in den eingerichteten und ausgeübten Gewerbebetrieb erfolgen?	**6.** Der Eingriff muss nach h.M. betriebsbezogen, d.h. gegen den Betrieb als solchen gerichtet sein. Der Eingriff muss sich spezifisch gegen den betrieblichen Organismus oder die unternehmerische Entscheidungsfreiheit richten.

B. Verhalten; haftungsbegründende Kausalität und Zurechnung

Der Anspruch aus § 823 Abs. 1 setzt voraus, dass die Rechts(gut)-verletzung durch ein Verhalten des Anspruchsgegners verursacht worden ist.

I. Verhalten

1. Begriff

Handeln = menschlich beherrschbares Tun

Verhalten (Handeln) ist jedes menschliche Verhalten, das der Bewusstseinskontrolle und der Willenslenkung unterliegt, also beherrschbar ist. Ein zurechenbares Handeln fehlt daher z.B. bei Reflexbewegungen.

!

Anknüpfungspunkt für einen Anspruch aus § 823 Abs. 1 kann auch ein vorgelagertes Verhalten des Anspruchsgegners sein. Fraglich ist dann im Einzelfall die Kausalität und Zurechnung.

2. Abgrenzung positives Tun/Unterlassen

Nach a.A. erfolgt die Abgrenzung über das Kriterium der „Gefahrerhöhung".

Handeln kann sowohl in einem positiven Tun – z.B. Faustschlag bei einer Prügelei – als auch in einem Unterlassen – z.B. keine Absicherung einer offenen Grube – bestehen. Die Abgrenzung erfolgt nach dem **Schwerpunkt der Vorwerfbarkeit**.

Positives Tun ist generell tatbestandliches Verhalten i.S.v. § 823 Abs. 1. Demgegenüber ist Unterlassen nur dann ein tatbestandsmäßiges Verhalten, wenn eine **Rechtspflicht zum Handeln** besteht (Garantenstellung). Eine solche Rechtspflicht zum Handeln kann sich ergeben:

- Aus einer unmittelbar auf das Recht bezogenen Schutzpflicht – **Beschützergarant**;

  Beispiele: Schutzpflicht aus einem Vertrag oder aus Gesetz (z.B. Aufsichtspflicht der Eltern für ihre Kinder aus §§ 1626, 1631)

- aus der Eröffnung einer Gefahrenquelle oder Verantwortung für eine Gefahrenquelle – **Überwachungsgarant**.

  Beispiel: Pflicht aus vorangegangenem gefährlichen Tun

Rechtspflicht zum Handeln aus allgemeiner Verkehrssicherungspflicht

In diesem Zusammenhang kann sich insbesondere aus der **allgemeinen Verkehrssicherungspflicht** eine Rechtspflicht zum Handeln ergeben: Wer in seinem Verantwortungsbereich eine Gefahrenquelle eröffnet oder andauern lässt, muss die notwendigen Vorkehrungen treffen, die im Rahmen des wirtschaftlich Zumutbaren geeignet sind, Gefahren von Dritten abzuwenden. Maßgeblich ist dabei, was ein verständiger, umsichtiger und in vernünftigen Grenzen vorsichtiger Mensch für ausreichend halten darf, um andere vor Schäden zu bewahren.

- Verkehrssicherungspflichten bestehen jedoch grundsätzlich nur gegenüber denjenigen Personen, die **befugtermaßen** mit der Gefahrenquelle in Berührung kommen.

Ohne diese Einschränkung würde die deliktsrechtliche Haftung ausufern.

  Beispiel: Eigentümer E hat in seinem Garten eine Grube ausgehoben, um einen Fischteich anzulegen. Sein Nachbar N spaziert bei Dunkelheit durch den Garten des E, um seinen Heimweg abzukürzen, stürzt in die Grube und verletzt sich dabei.

  E hat es unterlassen, die Grube abzusichern. Er könnte aufgrund allgemeiner Verkehrssicherungspflicht zum Handeln verpflichtet gewesen sein: E hat zwar mit dem Ausheben der Grube eine Gefahrenquelle geschaffen; Nachbar N hatte im Garten des E jedoch nichts zu suchen und kam daher unbefugt mit der Gefahrenquelle in Berührung, sodass die Verkehrssicherungspflicht nicht gegenüber N bestand und das Unterlassen des E mangels einer Rechtspflicht zum Handeln nicht tatbestandsmäßig war.

- Verkehrssicherungspflichten bestehen **ausnahmsweise auch gegenüber Personen, die unbefugt mit der Gefahrenquelle in Berührung kommen, wenn diese nicht in der Lage sind, die Gefahr zu erkennen**.

!

  Beispiel: Wenn im obigen Beispiel das vierjährige Kind des Nachbarn N in die von E ausgehobene Grube gefallen ist, kam das Kind zwar unbefugt mit der Gefahrenquelle in Berührung, weil es ebenfalls nichts im Garten des E zu suchen hatte, das Kind konnte jedoch wegen seiner mangelnden Lebenserfahrung die Gefahrenlage nicht erkennen, sodass für E eine Verkehrssicherungspflicht gegenüber dem Kind bestand.

- Daraus ergibt sich für die Prüfung einer Rechtspflicht zum Handeln aus allgemeiner Verkehrssicherungspflicht folgendes Aufbauschema:

Aufbauschema: Rechtspflicht zum Handeln aus allgemeiner Verkehrssicherungspflicht

I. Bestehen einer Verkehrssicherungspflicht

II. Verkehrssicherungspflicht muss dem Verletzten gegenüber bestehen

III. Verletzung der Verkehrssicherungspflicht

Einzelheiten zu einem Sonderfall der Verkehrssicherungspflicht – der sog. Produzentenhaftung – finden Sie im 6. Abschnitt.

II. Haftungsbegründende Kausalität und Zurechnung

Zwischen der Verletzungshandlung und der Rechts(gut)verletzung muss ein ursächlicher Zusammenhang bestehen, sog. haftungsbegründende Kausalität.

1. Kausalität i.S.d. Äquivalenztheorie

Der Name „Äquivalenztheorie" resultiert daraus, dass diese Theorie von der Gleichwertigkeit aller Bedingungen ausgeht (lateinisch äquus = gleich).

Das Verhalten des Anspruchsgegners muss zunächst äquivalent kausal für die Rechts(gut)verletzung gewesen sein:

- Beim positiven Tun ist jede Bedingung äquivalent kausal, die nicht hinweggedacht werden kann, ohne dass der konkrete Erfolg entfiele (conditio sine qua non),
- beim Unterlassen muss das pflichtgemäße Verhalten hinzugedacht und geprüft werden, ob dann der konkrete Erfolg mit an Sicherheit grenzender Wahrscheinlichkeit nicht eingetreten wäre.

2. Adäquanz

Die sehr weitgehende Beurteilung der Kausalität nach der Äquivalenztheorie muss nach h.M. durch die Adäquanztheorie eingeschränkt werden.

Adäquat kausal ist ein Umstand, der aufgrund objektiv nachträglicher Prognose vom **Standpunkt des optimalen Beobachters** und nach den dem Handelnden bekannten Umständen generell geeignet ist, einen solchen Erfolg allein oder im Zusammenwirken mit anderen Umständen herbeizuführen. D.h. mit anderen Worten, dass nur solche Umstände nicht zugerechnet werden, die so unwahrscheinlich sind, dass mit ihrem Eintritt vernünftigerweise nicht gerechnet werden kann.

Beispiel: Wer seine Schwiegermutter bittet, für ihn einen Einkauf zu erledigen, hat den Tatbestand des § 823 Abs. 1 nicht erfüllt, wenn diese auf dem Weg zum Einkauf durch einen Urineisbrocken, der von einem Flugzeug herabgefallen ist, verletzt wird, obwohl die Bitte um Erledigung des Einkaufs im naturwissenschaftlichen Sinne mitursächlich für deren Körperverletzung ist.

3. Schutzzweck der Norm

Als weitere Einschränkung der Zurechnung wird von der h.M. in besonderen Fällen die Lehre vom Schutzzweck der Norm angewendet: Danach kommt es maßgeblich darauf an, ob die vom Schädiger verletzte Norm gerade den Eintritt des Verletzungserfolgs verhindern soll. Dazu ist eine verhaltens- oder erfolgsbezogene Wertung erforderlich:

a) Verhaltensbezogene Wertung

Zurechnung bei mittelbarer Verursachung

Bei einer **mittelbaren Verursachung** – also wenn erst das Verhalten eines Dritten oder des Geschädigten selbst die Rechts(gut)verletzung herbeiführt – ist der Verletzungserfolg nur zuzurechnen, wenn der Handelnde eine Verhaltenspflicht verletzt hat, die den Eintritt des Verletzungserfolgs verhindern soll (**Pflichtwidrigkeitszusammenhang**). Diese Verhaltenspflicht kann sich ergeben aus:

- einer **speziell geregelten Verhaltenspflicht**;

  Beispiel: A parkt im Halteverbot – Verstoß gegen § 12 StVO. Fußgänger F tritt hinter dem Pkw des A auf die Fahrbahn und wird vom vorbeifahrenden Kfz des X erfasst und verletzt.

  Das Falschparken des A hat nicht unmittelbar zur Verletzung des F geführt, sondern erst das Verhalten des F – Betreten der Fahrbahn – sowie das Verhalten des X – Anfahren des F – haben zu dessen Verletzung geführt. Falschparker A haftet trotzdem aus § 823 Abs. 1 für die Körperverletzung des F, da er eine speziell geregelte Verhaltenspflicht gemäß § 12 StVO, nicht im Halteverbot zu parken, verletzt hat und diese Regelung auch den Zweck verfolgt, im Interesse der Fußgänger den Verkehrsablauf übersichtlich zu halten.

- der **allgemeinen Verkehrssicherungspflicht**;

  !

  Beachte: *Für die Zurechnung über eine allgemeine Verkehrssicherungspflicht reicht deren Verletzung nicht aus, sondern es muss festgestellt werden, dass die eingetretene Rechts(gut)verletzung durch die verletzte Verkehrssicherungspflicht verhindert werden sollte.*

  Beispiel: Die Verkehrssicherungspflicht, bei einem Lagerfeuer einen Sicherheitsabstand zu leicht entflammbaren Materialien einzuhalten, soll Feuerwehrleute nicht vor Verletzungen schützen, die nach dem Löscheinsatz beim Einräumen ihrer Sachen entstanden sind – z.B. Feuerwehrmann tritt nach Löscheinsatz auf den noch ausgerollten Schlauch, knickt um und erleidet einen Bänderriss.

- der von der Rspr. entwickelten **Herausforderungsformel:** Wer einen anderen zu selbstgefährdendem Verhalten herausfordert, ist diesem zum Ersatz des Schadens verpflichtet, der infolge des durch die Herausforderung gesteigerten Risikos entstanden ist, wenn ein angemessenes Verhältnis zwischen dem Zweck der herausgeforderten Handlung und dem erkennbaren Risiko bestanden hat.

Beispiel: K, ein Kontrollbeamter der Deutschen Bahn AG verfolgt B, der ohne Fahrausweis angetroffen wurde und sich der Feststellung seiner Personalien durch Flucht zu entziehen suchte. K stürzt bei der Verfolgung auf einer steilen Treppe und verletzt sich.

Die Verletzung des K ist unmittelbar durch das eigene Verhalten des K verursacht worden. B haftet nach der Herausforderungsformel trotzdem aus § 823 Abs. 1 für die Körperverletzung des K:

- Er hat den K durch seine Flucht zur Verfolgung herausgefordert und
- zwischen den erkennbaren Verletzungsrisiken der Verfolgung, die gering einzustufen sind, und dem damit verfolgten Zweck, die Personalien des Schwarzfahrers festzustellen, bestand ein angemessenes Verhältnis und
- mit dem Sturz des K auf der steilen Treppe bei der Verfolgung hat sich auch ein Risiko verwirklicht, das auf dem gesteigerten Risiko der Verfolgung beruht.

Aufbauschema: Pflichtwidrigkeitszusammenhang nach der Herausforderungsformel

I. **Dritter wurde herausgefordert** (vernünftiger Anlass)

II. **angemessenes Verhältnis zwischen dem Zweck der herausgeforderten Handlung und den erkennbaren Risiken**

III. **Rechts(gut)verletzung beruht auf den gesteigerten Risiken der herausgeforderten Handlung**
(kein allgemeines Lebensrisiko)

b) Erfolgsbezogene Wertung

Dem Schädiger werden grundsätzlich auch **anlagebedingte Verletzungserfolge** zugerechnet, es sei denn, es handelt sich um eine extreme Anfälligkeit.

Beispiel: A schubst B während eines Konzerts ein Stück nach vorne, um besser sehen zu können. B fällt zu Boden und verletzt sich, da er den Stoß nicht abfedern kann, weil er aufgrund eines beim Basketballspielen erlittenen Kreuzbandrisses nur eine eingeschränkte Bewegungsfreiheit im rechten Knie hat.

A haftet für die Körperverletzung des B aus § 823 Abs. 1, obwohl die Verletzung nur auf die durch den Kreuzbandriss geschwächte Konstitution des B zurückzuführen ist, da ein Kreuzbandriss keine extreme Anfälligkeit darstellt. Der

Schädiger A kann nicht verlangen, so gestellt zu werden, wie er bei „normaler" Konstitution des Geschädigten B stünde, sondern er muss für die Folgen einstehen, die seine Verletzungshandlung konkret herbeigeführt hat.

Ferner werden dem Schädiger sog. **Schockschäden** naher Angehöriger zugerechnet und auch Schockschäden derjenigen Personen, die durch den Schädiger in das schockierende Ereignis hineingezogen worden sind.

Die Neuregelung in § 844 Abs. 3 zur Entschädigung Hinterbliebener hat am Ersatz von Schockschäden nichts geändert.

Beispiel: Die Ehefrau F des M erleidet einen Nervenzusammenbruch, als sie erfährt, dass M bei einem von A fahrlässig herbeigeführten Verkehrsunfall getötet worden ist.

A haftet für die Gesundheitsverletzung der F aus § 823 Abs. 1, obwohl er ihre Verletzung nicht unmittelbar verursacht hat. F hat als Ehefrau des von A unmittelbar geschädigten M zu diesem eine persönliche Nähebeziehung und ist aus diesem Grunde in den Schutzbereich des § 823 Abs. 1 einzubeziehen.

C. Rechtswidrigkeit

Die Haftung aus § 823 Abs. 1 setzt ferner voraus, dass der Schädiger die Rechts(gut)verletzung widerrechtlich verursacht hat.

Nach der herrschenden **Lehre vom Erfolgsunrecht** wird die Rechtswidrigkeit durch die Verwirklichung des Tatbestands indiziert. Die Verletzung eines Rechts(guts) ist also grundsätzlich rechtswidrig, es sei denn, ein besonderer Rechtfertigungsgrund greift ein.

Nur bei den Rahmenrechten (APR, Recht am eingerichteten und ausgeübten Gewerbebetrieb) muss die Rechtswidrigkeit mittels einer umfassenden Interessen- und Güterabwägung im Einzelfall positiv festgestellt werden (s.o.).

Anerkannte **Rechtfertigungsgründe** sind u.a.:

- Notwehr, § 227
- Verteidigungsnotstand, § 228
- Selbsthilfe, § 229
- Aggressiver Notstand, § 904
- rechtfertigende Einwilligung
- Wahrnehmung berechtigter Interessen, § 193 StGB

Klausurtipp: *Auf einzelne Rechtfertigungsgründe ist in einer Klausur nur einzugehen, wenn der Sachverhalt dazu entsprechenden Anlass bietet.*

!

D. Verschulden

Letztlich verlangt der haftungsbegründende Tatbestand des § 823 Abs. 1, dass der Schädiger die Rechts(gut)verletzung auch schuldhaft herbeigeführt hat.

Verschulden setzt zum einen Verschuldensfähigkeit voraus und es muss eine der in § 823 Abs. 1 genannten Schuldformen – also Vorsatz oder Fahrlässigkeit – vorliegen.

I. Verschuldensfähigkeit

Die Verschuldensfähigkeit ist in §§ 827, 828 geregelt. Daraus ergibt sich:

- Schuldunfähig sind
  - gemäß § 828 Abs. 1 alle Personen vor Vollendung des siebten Lebensjahres
  - sowie gemäß § 827 grundsätzlich diejenigen, die im Zustand der Bewusstlosigkeit oder in einem die freie Willensbestimmung ausschließenden Zustand krankhafter Störung der Geistestätigkeit gehandelt haben.
- Beschränkt schuldfähig sind
  - gemäß § 828 Abs. 3 Kinder und Jugendliche, die das siebte, aber noch nicht das achtzehnte Lebensjahr vollendet haben: Bei diesen vermutet der Gesetzgeber zwar die Schuldfähigkeit, sie sind aber schuldunfähig, wenn sie bei der Begehung der schädigenden Handlung nicht die zur Erkenntnis der Verantwortlichkeit erforderliche Einsicht haben.

    Beachte*: Die Formulierung in § 828 Abs. 3 („nicht verantwortlich, wenn nicht") zeigt, dass der Gesetzgeber grundsätzlich von der Verschuldensfähigkeit des Kindes bzw. des Jugendlichen ausgeht (Vermutung der Schuldfähigkeit).*
  - gemäß § 828 Abs. 2 sind Kinder und Jugendliche, die das siebte, aber nicht das zehnte Lebensjahr verwirklicht haben, für Schäden, die sie bei Unfällen im Straßen- oder Bahnverkehr einem anderen zufügen, nicht verantwortlich, wenn sie die Verletzung fahrlässig herbeigeführt haben.

Teleologische Reduktion des § 828 Abs. 2

!

Beachte: *Die Regelung des § 828 Abs. 2 wurde eingeführt, um der Erkenntnis Rechnung zu tragen, dass Kinder bis zur Vollendung des zehnten Lebensjahres in der Regel nicht in der Lage* *sind, die besonderen Gefahren des motorisierten Straßenverkehrs zu erkennen. Infolgedessen wird die Norm aufgrund einer* ***teleologischen Reduktion*** *nicht angewendet, wenn sich keine typische Überforderungssituation des Kindes durch die spezifischen Gefahren des motorisierten Straßenverkehrs realisiert hat.*

Beispiel: Eine Achtjährige beschädigt mit ihrem Fahrrad ein ordnungsgemäß am Straßenrand geparktes Kfz.

Zwar greift § 828 Abs. 2 vom Wortlaut der Norm ein, jedoch entspricht ein Haftungsausschluss des Kindes mangels Schuldfähigkeit nicht dem Sinn und Zweck der Regelung: Bei diesem Unfall hat sich keine typische Überforderungssituation des motorisierten Straßenverkehrs für das Kind verwirklicht, da das Auto nicht in Bewegung war, sondern ordnungsgemäß am Straßenrand geparkt war. Das Kind haftet demnach für die Beschädigung des Pkw aus § 823 Abs. 1.

Klausurtipp: *Die Verschuldensfähigkeit ist in einer Klausur nur anzusprechen, wenn der Sachverhalt dazu Anlass bietet.* !

II. Verschuldensgrad

Der Schädiger muss die Rechts(gut)verletzung vorsätzlich oder fahrlässig verursacht haben.

Vorsatz bedeutet Wissen und Wollen des Erfolges und das Bewusstsein der Rechtswidrigkeit, sodass bei einem Irrtum über die Rechtswidrigkeit der Vorsatz ausgeschlossen ist.

Fahrlässig handelt, wer die im Verkehr erforderliche Sorgfalt außer Acht lässt, § 276 Abs. 2 **(objektivierter Fahrlässigkeitsmaßstab)**.

1. Was ist eine allgemeine Verkehrssicherungspflicht und welche Maßnahmen umfasst sie?	**1.** Die allgemeine Verkehrssicherungspflicht ist eine Rechtspflicht zum Handeln für jeden, der in seinem Verantwortungsbereich eine Gefahrenquelle eröffnet oder andauern lässt. Der Verkehrssicherungspflichtige muss die notwendigen Vorkehrungen treffen, die im Rahmen des wirtschaftlich Zumutbaren geeignet sind, Gefahren von Dritten abzuwenden.
2. An welcher Stelle der Prüfung des § 823 Abs. 1 können Verkehrssicherungspflichten zu erörtern sein?	**2.** Zum einen können Verkehrssicherungspflichten beim Verhalten des Anspruchsgegners zu prüfen sein – als Rechtspflicht zum Handeln, sodass sein Unterlassen tatbestandsmäßig ist. Zum anderen kann sich aus der Verletzung der Verkehrssicherungspflicht der bei mittelbarer Verursachung erforderliche Pflichtwidrigkeitszusammenhang nach der Lehre vom Schutzzweck der Norm ergeben.
3. Wie prüft man die haftungsbegründende Kausalität?	**3.** Das Verhalten des Anspruchsgegners muss zunächst äquivalent kausal für die Rechts(gut)verletzung gewesen sein, d.h., das Verhalten des Schädigers darf nicht hinweggedacht werden können, ohne dass der konkrete Erfolg entfiele. Ferner muss Adäquanz gegeben sein, d.h., das Verhalten des Schädigers muss vom Standpunkt des optimalen Beobachters generell geeignet sein, einen solchen Erfolg herbeizuführen. Eventuell erfolgt noch eine Einschränkung nach der Lehre vom Schutzzweck der Norm: Danach ist zu prüfen, ob die vom Schädiger verletzte Norm gerade den Eintritt des Verletzungserfolgs verhindern soll.
4. Was versteht man unter der Herausforderungsformel?	**4.** Nach der von der Rspr. entwickelten Herausforderungsformel ist derjenige, der einen anderen zu einem selbstgefährdenden Verhalten herausfordert, diesem zum Ersatz des Schadens verpflichtet, der infolge des durch die Herausforderung gesteigerten Risikos entstanden ist, wenn ein angemessenes Verhältnis zwischen dem Zweck der herausgeforderten Handlung und dem erkennbaren Risiko bestanden hat.
5. Ist ein sechzehnjähriges Kind schuldfähig i.S.d. § 823 Abs. 1?	**5.** Gemäß § 828 Abs. 3 wird bei Kindern, die das siebte, aber noch nicht das achtzehnte Lebensjahr vollendet haben, die Schuldfähigkeit vermutet; sie sind aber schuldunfähig, wenn sie bei der Begehung der schädigenden Handlung nicht die zur Erkenntnis der Verantwortlichkeit erforderliche Einsicht haben.

2. Abschnitt: Grundtatbestand des § 823 Abs. 2

Aufbauschema: § 823 Abs. 2

I. Voraussetzungen (haftungsbegründender Tatbestand)

- **1. Verletzung eines Schutzgesetzes**
  - **a) Schutzgesetz i.S.v. § 823 Abs. 2**
    - **aa) Gesetz:** jede Rechtsnorm im materiellen Sinne
    - **bb) Charakter:** Verbots- oder Gebotsnorm
    - **cc) Persönlicher und sachlicher Individualschutz**
      - **1)** Gesetz bezweckt (auch) **Individualschutz**
      - **2) persönlicher Individualschutz:** Anspruchsteller muss zum geschützten Personenkreis gehören
      - **3) sachlicher Individualschutz:** geltend gemachtes Interesse wird von der Norm (auch) geschützt
  - **b) Schutzgesetz verletzt:** beurteilt sich nach den Regeln, die für das Schutzgesetz gelten
- **2. Rechtswidrigkeit der Schutzgesetzverletzung**
- **3. Verschulden**
  - **a)** Verschulden muss sich nur auf Schutzgesetzverletzung, nicht auf Folgeschäden beziehen.
  - **b)** Erfordert Schutzgesetz selbst Verschulden, muss das vom Schutzgesetz vorausgesetzte Verschulden vorliegen.
  - **c)** Erfordert Schutzgesetz selbst kein Verschulden, dann Verschulden i.S.v. § 276 erforderlich, § 823 Abs. 2 S. 2.

II. Rechtsfolge (haftungsausfüllender Tatbestand)

Ersatz des durch die Schutzgesetzverletzung zurechenbar verursachten Schadens

- **1. Ermittlung des zurechenbaren Schadens**
  - **a) Schadensermittlung**
  - **b) Kausalität und Zurechnung**
    - **aa)** Äquivalenz
    - **bb)** Adäquanz
    - **cc)** Schutzzweck der Norm
- **2. Schadensausgleich gemäß §§ 249 ff.**
- **3. Mitverschulden des Geschädigten, § 254**

Nach § 823 Abs. 2 haftet derjenige auf Schadensersatz, der gegen ein den Schutz eines anderen bezweckendes Gesetzes (Schutzgesetz) verstößt.

Oftmals ergibt sich aus § 823 Abs. 2 i.V.m. ... nur ein zusätzlicher Anspruch neben dem Anspruch aus § 823 Abs. 1 gegen den Schädiger. In diesen Fällen gehört es zwar zu einem vollständigen juristischen Gutachten, neben § 823 Abs. 1 auch den Anspruch aus § 823 Abs. 2 i.V.m. ... zu prüfen, aber dem Anspruch aus § 823 Abs. 2 kommt – praktisch gesehen – keine eigenständige Bedeutung zu.

Beispiel: A hat den B bei einem Fahrradunfall fahrlässig verletzt.

B hat gegen A einen Anspruch auf Schadensersatz aus § 823 Abs. 1, da A ihm durch sein Verhalten rechtswidrig und schuldhaft eine Körperverletzung zugefügt hat. Daneben steht B gegen A ein Schadensersatzanspruch aus § 823 Abs. 2 i.V.m. § 229 StGB zu.

Eigenständige Bedeutung hat § 823 Abs. 2 bei reinen Vermögensbeeinträchtigungen.

Eigenständige Bedeutung erlangt der Anspruch aus § 823 Abs. 2 insbesondere dann, wenn der Schädiger lediglich das Vermögen des Betroffenen beeinträchtigt hat, da der Anspruch aus § 823 Abs. 1 reine Vermögensverletzungen nicht erfasst, sondern nur solche Vermögensschäden ersetzt, die auf einer Rechts(gut)verletzung i.S.d. § 823 Abs. 1 basieren.

Beispiel: Um seine Abschlussprämie zu kassieren, schwatzt Versicherungsvertreter V dem B eine Versicherung auf, die für B absolut sinnlos ist.

B steht gegen V kein Anspruch aus § 823 Abs. 1 zu, da lediglich sein Vermögen beeinträchtigt ist und dieses kein von § 823 Abs. 1 geschütztes Recht(sgut) ist. In Betracht kommt allerdings ein Schadensersatzanspruch des B gegen V aus § 823 Abs. 2 i.V.m. § 263 StGB.

Auch bei § 823 Abs. 2 ist bzgl. des haftungsbegründenden Tatbestands vom Gesetzgeber der dreistufige Aufbau – Tatbestand, Rechtswidrigkeit, Schuld – vorgegeben.

A. Tatbestand

Anstelle einer Rechts(gut)verletzung, die § 823 Abs. 1 erfordert, muss bei § 823 Abs. 2 eine Schutzgesetzverletzung geprüft werden.

Der Tatbestand des § 823 Abs. 2 erfordert, dass der Anspruchsgegner ein Schutzgesetz verletzt hat.

I. Schutzgesetz

1. Gesetz

Damit ein Schutzgesetz i.S.v. § 823 Abs. 2 gegeben ist, muss die betroffene Norm zunächst ein **Gesetz i.S.v. Art. 2 Abs. 1 EGBGB** sein.

Darunter ist jede Rechtsnorm zu verstehen – also nicht nur formelle Gesetze, sondern auch Satzungen, Verordnungen, sogar Gewohnheitsrecht.

2. Verbots- oder Gebotsnorm

Ferner muss die Regelung **Befehlscharakter** haben, d.h., es muss sich um eine Verbots- oder Gebotsnorm handeln.

3. Persönlicher und sachlicher Individualschutz

Schließlich muss die Norm den Schutz eines anderen bezwecken. Dafür ist erforderlich, dass sie den Schutz eines Einzelnen oder eines bestimmten Personenkreises (zumindest auch) bezweckt. Die Norm muss daher

- überhaupt individualschützenden Charakter haben,
- der Anspruchsteller muss zum geschützten Personenkreis gehören (persönlicher Individualschutz) und
- sein Interesse muss vom sachlichen Schutzbereich der Regelung erfasst werden (sachlicher Individualschutz).

Die meisten Strafvorschriften sind Schutzgesetze i.S.v. § 823 Abs. 2, aber dies gilt nicht vorbehaltlos: Z.B. handelt es sich bei Urkundenfälschung gemäß § 267 StGB nicht um ein Schutzgesetz, da die Regelung nur die Sicherheit des Rechtsverkehrs schützt und daher keinen Individualschutz aufweist.

Beispiel: E parkte seinen Lieferwagen auf einem Gehweg an unübersichtlicher Stelle im absoluten Halteverbot. Fußgänger T, der infolgedessen den Verkehr nicht übersehen konnte, wurde dadurch von einem anderen Kraftfahrer angefahren und verletzt. Haftet E aus § 823 Abs. 2 i.V.m. § 12 Abs. 1 Nr. 1 StVO für die Verletzung des Fußgängers T?

E haftet dem Fußgänger T nach § 823 Abs. 2 i.V.m. § 12 Abs. 1 Nr. 1 StVO, da das Halteverbot auf Gehwegen auch bezweckt, den Verkehrsablauf für die Fußgänger übersichtlich zu gestalten und sie davor zu schützen, dass sie wegen falsch parkender Fahrzeuge keine freie Sicht auf den fließenden Straßenverkehr haben, auf die Straße treten und von einem anderen Kfz verletzt werden.

! ***Klausurtipp:*** *Der Schutzgesetzcharakter einer Regelung muss in einer Klausur nur dann problematisiert werden, wenn dies aus irgendeinem Grund zweifelhaft erscheint.*

II. Verstoß gegen das Schutzgesetz

Der Schädiger muss das Schutzgesetz verletzt haben. Dies beurteilt sich nach den Regeln, die für das jeweilige Schutzgesetz gelten. D.h., bei einer Strafnorm als Schutzgesetz i.S.v. § 823 Abs. 2 muss der gesamte objektive und subjektive Tatbestand nach strafrechtlichen Regeln erfüllt sein.

! ***Beachte:*** *Einige Autoren erörtern unter dem Prüfungspunkt „Schutzgesetz verletzt" auch die Rechtswidrigkeit und Schuld bzgl. des Straftatbestands. Gegen einen derartigen Prüfungsaufbau spricht die klassische Dreiteilung der deliktischen Haftungsvoraussetzungen in Tatbestand, Rechtswidrigkeit und Schuld.*

B. Rechtswidrigkeit

Die Rechtswidrigkeit wird durch die Verwirklichung des Tatbestands indiziert und entfällt nur, wenn Rechtfertigungsgründe eingreifen.

C. Verschulden

I. Verschuldensfähigkeit

Die Verschuldensfähigkeit bestimmt sich nach den zivilrechtlichen Regeln der §§ 827, 828.

! ***Beachte:*** *Dies gilt auch, wenn es sich bei dem Schutzgesetz um eine strafrechtliche Regelung handelt.*

II. Verschuldensgrad

Erfordert das Schutzgesetz selbst Verschulden, muss das vom Schutzgesetz geforderte Verschulden nach den Regeln des Schutzgesetzes vorliegen.

Sollte das Schutzgesetz kein Verschulden voraussetzen, ist Verschulden i.S.v. § 276 erforderlich, der Schädiger muss also zumindest fahrlässig handeln.

3. Abschnitt: Grundtatbestand des § 826

Aufbauschema: § 826
I. Voraussetzungen (haftungsbegründender Tatbestand)
1. **Schaden** (auch bloßer Vermögensschaden)
2. **Verstoß gegen die guten Sitten**
3. **Vorsatz**
II. Rechtsfolge (haftungsausfüllender Tatbestand)
Ersatz des durch die vorsätzliche sittenwidrige Schädigung entstandenen Schadens
1. **Ermittlung des zurechenbaren Schadens**
2. **Schadensausgleich gemäß §§ 249 ff.**
3. **Mitverschulden des Geschädigten gemäß § 254**

§ 826 regelt die Verpflichtung zum Schadensersatz bei einer vorsätzlichen, sittenwidrigen Schädigung.

A. Voraussetzungen

Voraussetzung für einen Schadensersatzanspruch aus § 826 ist, dass der Schädiger dem Betroffenen vorsätzlich einen Schaden zugefügt hat und zwar in einer gegen die guten Sitten verstoßenden Weise.

§ 826 setzt weder die Verletzung eines bestimmten Rechts(guts) voraus – anders als § 823 Abs. 1 – noch wird eine Schutzgesetzverletzung verlangt – anders als § 823 Abs. 2.

I. Schaden

Schaden bedeutet jede nachteilige Einwirkung auf die Vermögenslage, Beeinträchtigung eines rechtlich anerkannten Interesses oder Belastung mit einer ungewollten Verpflichtung. Dabei ist sogar die Beeinträchtigung von Erwerbsaussichten ausreichend.

Beispiel: Abholung der für einen Verein bereitgestellten Altkleider durch einen Mitbewerber

II. Verstoß gegen die guten Sitten

Sittenwidrig sind Handlungen, die gegen das Anstandsgefühl aller billig und gerecht Denkenden verstoßen. Dies kann sich ergeben aus

- den angewendeten Mitteln (z.B. Täuschung),
- dem verfolgten Zweck (z.B. Existenzvernichtung des Geschäftspartners),

- aus einer Kombination eines zulässigen Mittels mit einem zulässigen Zweck (Mittel-Zweck-Relation).

III. Vorsatz

Es ist jede Vorsatzform ausreichend, es genügt daher auch bedingter Vorsatz.

Beispiel: Makler M behauptet gegenüber dem gewerblichen Mietinteressenten „ins Blaue hinein", die Behörde werde die beabsichtigte Nutzung nicht beanstanden.

Der Anwendungsbereich des § 826 ist dadurch erheblich eingeschränkt, dass sich der Vorsatz des Schädigers auch auf den Schaden erstrecken muss.

Der Vorsatz muss sich beziehen auf

- die den Sittenverstoß begründenden Tatsachen
- den Schaden

B. Fallgruppen

- arglistige Täuschung und rechtswidrige Drohung
- Missbrauch einer formalen Rechtsstellung
- Sittenwidrige Verleitung zum Vertragsbruch
- Falsche Auskünfte und Gutachten

Check zum 2. und 3. Abschnitt (§ 823 Abs. 2 und § 826)

1. Was verändert sich bei der Prüfung des § 823 Abs. 2 im Vergleich zur Prüfung des § 823 Abs. 1?

1. Anstelle einer Rechts(gut)verletzung, die bei dem Anspruch aus § 823 Abs. 1 zu prüfen ist, muss bei § 823 Abs. 2 erörtert werden, ob eine Schutzgesetzverletzung gegeben ist.

2. Was ist ein Schutzgesetz i.S.v. § 823 Abs. 2?

2. Ein Schutzgesetz i.S.v. § 823 Abs. 2 ist jede Rechtsnorm, die Befehlscharakter hat und zumindest auch den Schutz eines Einzelnen oder eines bestimmten Personenkreises bezweckt (persönlicher und sachlicher Individualschutz).

3. Wie beurteilt sich die Verschuldensfähigkeit bei der Prüfung eines Anspruchs aus § 823 Abs. 2?

3. Die Verschuldensfähigkeit beurteilt sich bei § 823 Abs. 2 nach den zivilrechtlichen Regeln der §§ 827, 828 – und zwar auch dann, wenn es sich bei dem Schutzgesetz um einen Straftatbestand handelt.

4. Nach welchem Maßstab beurteilt sich der Verschuldensgrad bei der Prüfung eines Anspruchs aus § 823 Abs. 2?

4. Erfordert das Schutzgesetz selbst Verschulden, so ist der Verschuldensgrad nach den Regeln des Schutzgesetzes zu prüfen. Ansonsten ist Verschulden i.S.v. § 276 erforderlich.

5. Was sind die Voraussetzungen des § 826?

5. Voraussetzung für einen Schadensersatzanspruch aus § 826 ist, dass der Schädiger dem Betroffenen vorsätzlich einen Schaden zugefügt hat und zwar in einer gegen die guten Sitten verstoßenden Weise.

6. Woraus kann sich der Verstoß gegen die guten Sitten bei § 826 ergeben?

6. Die Sittenwidrigkeit kann sich ergeben aus den angewendeten Mitteln, dem verfolgten Zweck oder aus der Kombination eines zulässigen Mittels mit einem zulässigen Zweck.

7. Worauf muss sich der Vorsatz bei § 826 beziehen?

7. Der Vorsatz muss sich auf die den Sittenverstoß begründenden Tatsachen und den Schaden beziehen. (Wegen dieser Anforderungen sind die Voraussetzungen des § 826 in der Praxis schwer nachzuweisen.)

4. Abschnitt: Sonstige Anspruchsgrundlagen

A. § 831

Aufbauschema: § 831

I. Voraussetzungen (haftungsbegründender Tatbestand)

1. **Geschäftsherr**

   = wer Tätigkeit des Handelnden jederzeit beschränken, entziehen, näher konkretisieren kann

2. **Verrichtungsgehilfe**

   = wer mit Wissen und Wollen des Geschäftsherrn in dessen Interesse und Pflichtenkreis tätig wird und von dessen Weisungen abhängig ist

3. **tatbestandsmäßige und rechtswidrige unerlaubte Handlung des Verrichtungsgehilfen**

4. **in Ausübung der Verrichtung**

   = sachlich/zeitlich innerer Zusammenhang zwischen aufgetragener Verrichtung und Verletzungshandlung; kein Handeln „bei Gelegenheit"

5. **Verschulden des Geschäftsherrn**

   - wird vermutet
   - Exkulpation durch Widerlegung der Verschuldens- bzw. Kausalitätsvermutung, § 831 Abs. 1 S. 2

II. Rechtsfolge (haftungsausfüllender Tatbestand)

Ersatz des durch die unerlaubte Handlung des Verrichtungsgehilfen zurechenbar verursachten Schadens

1. **Ermittlung des zurechenbaren Schadens**

   a) Schadensermittlung

   b) Kausalität und Zurechnung

   aa) Äquivalenz

   bb) Adäquanz

   cc) Schutzzweck der Norm

2. **Schadensausgleich gemäß §§ 249 ff.**

3. **Mitverschulden des Geschädigten, § 254**

Gemäß § 831 haftet der Geschäftsherr für seinen Verrichtungsgehilfen. Es handelt sich bei § 831 um eine eigenständige Anspruchsgrundlage mit einem gemischten Tatbestand:

§ 831 ist der klausurrelevanteste Fall der Haftung für vermutetes Verschulden.

- zwar wird dem Geschäftsherrn das **deliktische Verhalten des Verrichtungsgehilfen zugerechnet**,
- der Geschäftsherr haftet jedoch für **eigenes (vermutetes) Verschulden**.

Für einen Anspruch aus § 831 müssen folgende **Voraussetzungen** (haftungsbegründender Tatbestand) erfüllt sein:

I. Geschäftsherr, Verrichtungsgehilfe

Zunächst muss ein Geschäftsherr und ein sog. Verrichtungsgehilfe gegeben sein.

Geschäftsherr ist derjenige, der einen anderen zu einer Verrichtung bestellt. Verrichtungsgehilfe ist derjenige, der mit Wissen und Wollen des Geschäftsherrn in dessen Interesse tätig wird und von dessen Weisungen abhängig ist.

Beispiel: Arbeitnehmer werden weisungsgebunden für ihren Arbeitgeber tätig und sind daher in der Regel Verrichtungsgehilfen des Arbeitgebers.

Beachte: *Das Weisungsrecht muss nicht ins Einzelne gehen; maßgeblich ist, dass der Geschäftsherr die Tätigkeit des Handelnden jederzeit beschränken, untersagen oder nach Zeit und Umfang bestimmen kann.* !

II. Tatbestandsmäßige und rechtswidrige unerlaubte Handlung des Verrichtungsgehilfen

Der Verrichtungsgehilfe muss eine unerlaubte Handlung tatbestandsmäßig und rechtswidrig verwirklicht haben. Dabei kann es sich um eine unerlaubte Handlung nach §§ 823 ff. handeln, aber auch um einen Deliktstatbestand, der außerhalb des BGB geregelt ist, z.B. § 18 StVG.

Klausurtipp: *Die unerlaubte Handlung des Verrichtungsgehilfen muss an dieser Stelle der Klausur inzident durchgeprüft werden, es sei denn, man hat sie schon vorweg erörtert, weil man nach der Aufgabenstellung Ansprüche gegen alle Beteiligten begutachten soll. Da es sich bei § 831 um eine Haftung für eigenes Verschulden des Geschäfts-* !

*herrn handelt, ist ein Verschulden des Verrichtungsgehilfen nicht erforderlich und darf in einer Klausur an dieser Stelle **nicht** geprüft werden.*

III. In Ausführung der Verrichtung

Durch diese Voraussetzung soll die Haftung des Geschäftsherrn für das Fehlverhalten seines Verrichtungsgehilfen eingeschränkt werden. Seine Haftung ist nur geboten, wenn sich die Risikoerhöhung verwirklicht hat, die durch die Einschaltung des Verrichtungsgehilfen entstanden ist.

Der Verrichtungsgehilfe muss die unerlaubte Handlung „in Ausführung der Verrichtung" und nicht nur „bei Gelegenheit" begangen haben. D.h., zwischen der aufgetragenen Verrichtung und der Schadenszufügung muss ein **innerer Zusammenhang** bestehen. Dabei ist nicht erforderlich, dass gerade die Handlung, die den Schaden verursacht hat, dem Verrichtungsgehilfen aufgetragen war; es genügt, dass die schädigende Handlung in den Kreis der Maßnahmen fällt, welche die Ausführung der Verrichtung darstellen.

Beispiel: Wachmann W, der bei X angestellt ist, stiehlt bei einem Kontrollrundgang durch die Wohnung des Kunden K ein wertvolles Bild.

X haftet gegenüber K aus § 831 Abs. 1, da W als sein Arbeitnehmer sein Verrichtungsgehilfe war und dieser bei Ausübung der ihm übertragenen Tätigkeit – Obhut auf die Wohnung des K und die dort vorhandenen Sachen zu geben – rechtswidrig eine Eigentumsverletzung gemäß § 823 Abs. 1 begangen hat.

Ein lediglich äußerer Zusammenhang mit der übertragenen Tätigkeit ist nicht ausreichend.

Beispiel: Malergeselle M, der bei X angestellt ist, stiehlt beim Kunden K, in dessen Wohnung er das Wohnzimmer streichen soll, eine wertvolle Perlenkette.

X haftet gegenüber K nicht aus § 831 Abs. 1: Zwar ist M als Arbeitnehmer des X dessen Verrichtungsgehilfe und M hat auch durch sein Verhalten eine rechtswidrige Eigentumsverletzung gemäß § 823 Abs. 1 gegenüber K begangen. Die dem M übertragene Aufgabe, das Wohnzimmer des K zu streichen, war jedoch lediglich der äußere Anlass, warum M die Gelegenheit erhielt, die Perlenkette zu stehlen. Er hatte nicht die Aufgabe, die Sachen des K vor Verlust zu schützen, wie dies beim Wachmann W im vorherigen Beispiel der Fall war. Daher erfolgte die Eigentumsverletzung seitens M nicht in Ausübung der Verrichtung, sondern bei Gelegenheit.

!

***Klausurtipp:** Für die Abgrenzung „in Ausübung der Verrichtung" – „bei Gelegenheit" ist maßgeblich, ob die Handlung, wenn man vom Fehlverhalten absieht, noch zum übertragenen Aufgabenbereich gehört oder nicht.*

IV. Verschulden des Geschäftsherrn

Das Verschulden des Geschäftsherrn wird vermutet. Die Haftung aus § 831 tritt jedoch nicht ein, wenn der Geschäftsherr nachweist, dass er den Verrichtungsgehilfen sorgfältig ausgewählt, angewiesen und beaufsichtigt hat oder dass der Schaden auch bei Anwendung dieser Sorgfalt entstanden wäre (Entlastungsbeweis, Exkulpation).

§ 831 Abs. 1 S. 2 enthält eine Verschuldens- und eine Kausalitätsvermutung!

Bei einem größeren Betrieb ist es dem Unternehmer aufgrund der Vielzahl der Arbeitnehmer oder wegen der komplexen Betriebsstruktur oftmals nicht möglich und auch nicht zumutbar, das ganze Personal selbst auszuwählen und zu beaufsichtigen. Diese Aufgabe wird vielmehr höheren Angestellten übertragen.

In einem solchen Fall ist es daher nach h.M. ausreichend, dass der Unternehmer darlegt, dass er den zwischengeschalteten Angestellten sorgfältig ausgesucht und dessen Tätigkeitskreis überwacht hat. Dieser sog. **dezentralisierte Entlastungsbeweis** reicht grundsätzlich aus, um den Unternehmer als Geschäftsherrn aus der Haftung des § 831 zu entlassen.

Nach der Gegenauffassung ist der dezentralisierte Entlastungsbeweis als eine ungerechtfertigte Privilegierung von Großunternehmern abzulehnen.

Beispiel: U betreibt einen Großhandel mit Waschmaschinen. Sein Personalchef P hat einen nicht ausreichend qualifizierten Arbeitnehmer als Elektriker eingestellt, der dem Kunden K einen Schaden zugefügt hat.

Die Haftung des U aus § 831 Abs. 1 entfällt, wenn er nachweist, dass er den Personalchef P sorgfältig ausgewählt und ausreichend überwacht hat. Aber K hat einen Anspruch gegen P aus § 831 Abs. 2 und gegen den Arbeitnehmer aus § 823 Abs. 1.

!

Beachte: *Hat der Geschäftsherr seinen Betrieb nicht ordnungsgemäß organisiert und wird infolgedessen ein anderer durch einen Arbeitnehmer des Geschäftsherrn geschädigt, kann sich eine Haftung des Geschäftsherrn aus § 823 Abs. 1 wegen Verletzung seiner Verkehrssicherungspflichten ergeben (sog.* ***Organisationsverschulden****).*

B. § 832

Aufbauschema: § 832
I. Voraussetzungen (haftungsbegründender Tatbestand) **1. Aufsichtspflichtiger** (kraft Gesetzes oder aus Vertrag) **2. Aufsichtsbefohlener** **3. tatbestandsmäßige und rechtswidrige unerlaubte Handlung des Aufsichtsbefohlenen** **4. Verschulden des Aufsichtspflichtigen** ■ wird vermutet ■ Exkulpation durch Widerlegung der Verschuldens- bzw. Kausalitätsvermutung, § 832 Abs. 1 S. 2 **II. Rechtsfolge (haftungsausfüllender Tatbestand)** Ersatz des durch die unerlaubte Handlung des Aufsichtsbefohlenen zurechenbar verursachten Schadens **1. Ermittlung des zurechenbaren Schadens** **2. Schadensausgleich gemäß §§ 249 ff.** **3. Mitverschulden des Geschädigten, § 254**

§ 832 regelt die Haftung eines kraft Gesetzes oder Vertrags Aufsichtspflichtigen für den Schaden, den der Aufsichtsbedürftige einem Dritten widerrechtlich zugefügt hat. Bei § 832 handelt es sich – wie bei § 831 – um eine eigenständige Anspruchsgrundlage mit einem gemischten Tatbestand:

- einerseits wird dem Aufsichtspflichtigen das deliktische Verhalten des Aufsichtsbedürftigen zugerechnet
- andererseits haftet der Aufsichtspflichtige für eigenes (vermutetes) Verschulden.

Für eine Haftung aus § 832 müssen folgende **Voraussetzungen** (haftungsbegründender Tatbestand) erfüllt sein:

I. Aufsichtspflichtiger, Aufsichtsbedürftiger

Zunächst muss ein Aufsichtspflichtiger und ein Aufsichtsbedürftiger gegeben sein.

Aufsichtspflichtiger ist derjenige, der kraft Gesetzes oder Vertrags (vgl. § 832 Abs. 2) zur Aufsicht gegenüber einer aufsichtsbedürftigen Person verpflichtet ist. Aufsichtsbedürftiger ist derjenige, der wegen Minderjährigkeit oder wegen seines geistigen oder körperlichen Zustands der Beaufsichtigung bedarf.

Beispiele: Eltern gegenüber minderjährigen Kindern, §§ 1626 ff., Vormund gegenüber Mündel, §§1793, 1800, Betreuer gegenüber Betreutem, §§ 1896 ff.

II. Tatbestandsmäßige und rechtswidrige unerlaubte Handlung des Aufsichtsbedürftigen

Der Aufsichtsbedürftige muss eine unerlaubte Handlung – §§ 823 ff. oder einen Deliktstatbestand außerhalb des BGB – tatbestandsmäßig und rechtswidrig verwirklicht haben.

! **Beachte:**
Parallele zur Prüfung der unerlaubten Handlung des Verrichtungsgehilfen bei § 831!

Klausurtipp: *Die unerlaubte Handlung des Aufsichtsbedürftigen muss an dieser Stelle inzident geprüft werden, es sei denn, man hat sie schon erörtert, weil nach der Fragestellung Ansprüche gegen alle Beteiligten zu prüfen sind. Da § 832 eine Haftung für eigenes Verschulden des Aufsichtspflichtigen darstellt, ist ein Verschulden des Aufsichtsbedürftigen nicht erforderlich und darf an dieser Stelle* ***nicht*** *geprüft werden.*

III. Verschulden des Aufsichtspflichtigen

§ 832 Abs. 1 S. 2 beinhaltet eine Verschuldens- und Kausalitätsvermutung!

Das Verschulden des Aufsichtspflichtigen wird vermutet. Die Haftung tritt jedoch nicht ein, wenn der Aufsichtspflichtige den Entlastungsbeweis nach § 832 Abs. 1 S. 2 führt, indem er nachweist, dass er den Aufsichtsbedürftigen sorgfältig beaufsichtigt hat oder dass der Schaden auch bei Anwendung dieser Sorgfalt entstanden wäre (Exkulpation). Das Maß der gebotenen Aufsicht über Minderjährige bestimmt sich nach Alter, Eigenart und Charakter des Kindes, nach der Vorhersehbarkeit des schädigenden Verhaltens sowie danach, was verständigen Eltern nach vernünftigen Anforderungen in der konkreten Situation zugemutet werden kann.

Beispiel: Der 6-jährige K zerkratzt aus Langeweile das Auto des F, das dieser – wie sonst auch – bei einem Besuch auf der Hauseinfahrt geparkt hatte. Die Eltern saßen zu diesem Zeitpunkt mit F im Garten. K hatte zunächst in Sichtweite gespielt, sich dann aber entfernt. Laut Absprache mit seinen Eltern darf er sich auf dem Grundstück frei bewegen, dieses aber nicht allein verlassen.

Eine Haftung der Eltern aus § 832 Abs. 1 scheidet aus: Zwar sind die Eltern gegenüber K gemäß §§ 1626, 1631 aufsichtspflichtig und K hat durch sein Verhalten eine rechtswidrige Eigentumsverletzung gegenüber F gemäß § 823 Abs. 1 begangen. Die Eltern können jedoch die Verschuldensvermutung gemäß § 832 Abs. 1 S. 2 widerlegen, da sie ihrer Aufsichtspflicht genügt haben: Eine ständige Überwachung der Kinder ist Eltern weder möglich noch zumutbar. K war es gewohnt, alleine auf dem Grundstück frei zu spielen. Daher kann den Eltern nicht vorgeworfen werden, dass sie dem K nicht sofort hinterher gelaufen sind, als dieser sich aus ihrer Sichtweite entfernte.

C. §§ 833, 834

I. § 833 S. 1

Aufbauschema: § 833 S. 1

I. Voraussetzungen (haftungsbegründender Tatbestand)
- **1. Rechts(gut)verletzung**
- **2. durch ein Tier**
  - **a)** Kausalität i.S.d. Äquivalenztheorie
  - **b)** Realisierung der typischen Tiergefahr
- **3. Anspruchsgegner = Tierhalter**

II. Rechtsfolge (haftungsausfüllender Tatbestand)
Ersatz des durch die Rechts(gut)verletzung zurechenbar verursachten Schadens

Für ein **Luxustier** besteht eine **Gefährdungshaftung.**

Ein Luxustier ist ein Tier, das entweder nicht als Haustier anzusehen ist oder das als Haustier nicht dem Beruf, der Erwerbstätigkeit oder dem Unterhalt des Tierhalters zu dienen bestimmt ist.

§ 833 S. 1 ist die einzige Gefährdungshaftung, die im BGB geregelt ist!

Die Haftung des Tierhalters für Schädigungen Dritter durch ein Luxustier gemäß § 833 S. 1 ist der einzige Gefährdungshaftungstatbestand, der im BGB geregelt ist. Von einer sog. Gefährdungshaftung spricht man, wenn die Haftung nicht von einem rechtswidrigen und schuldhaften Verhalten des Schädigers abhängig ist, sondern an die Verantwortung für bestimmte spezifische Gefahrenquellen anknüpft.

Für eine Haftung aus § 833 S. 1 müssen folgende **Voraussetzungen** (haftungsbegründender Tatbestand) erfüllt sein:

1. Rechts(gut)verletzung

Geschützte Rechtspositionen sind Leben, Körper, Gesundheit sowie Sachen.

2. Durch ein Tier

Die Rechts(gut)verletzung muss durch ein Tier verursacht worden sein. Dazu ist Kausalität i.S.d. Äquivalenztheorie sowie die Verwirklichung der spezifischen Tiergefahr erforderlich.

a) Kausalität i.S.d. Äquivalenztheorie

Die Rechts(gut)verletzung muss äquivalent kausal durch das Tier verursacht worden sein. D.h., das Verhalten des Tieres darf nicht hinweggedacht werden können, ohne dass die Rechts(gut)verletzung entfiele.

b) Realisierung der spezifischen Tiergefahr

Zudem muss sich die spezifische Tiergefahr realisiert haben. Die spezifische Tiergefahr hat sich realisiert, wenn sich die durch die Unberechenbarkeit tierischen Verhaltens hervorgerufene Gefährdung von Leben, Körper, Gesundheit und Eigentum Dritter verwirklicht hat.

Beispiel: Pferd scheut und wirft Reiter ab.

3. Anspruchsgegner = Tierhalter

Schließlich muss der Anspruchsgegner der Tierhalter sein. Tierhalter ist derjenige, der die Bestimmungsmacht über das Tier hat und aus eigenem Interesse für die Kosten des Tieres aufkommt und das wirtschaftliche Risiko trägt.

4. Verschulden bei Luxustieren nicht erforderlich

Wenn es sich bei dem Tier um ein sog. Luxustier handelt, ist kein Verschulden erforderlich. Dies ergibt sich aus einem Umkehrschluss zu § 833 S. 2, der für sog. Nutztiere eine Haftung aus vermutetem Verschulden mit Exkulpationsmöglichkeit anordnet.

Luxustiere sind solche Tiere, die entweder nicht als Haustiere anzusehen sind oder die als Haustiere nicht dem Beruf, der Erwerbstätigkeit oder dem Unterhalt des Tierhalters zu dienen bestimmt sind.

Abgrenzung Luxustier – Nutztier entscheidet über die Art der Haftung

Beispiel: Pferd, Papagei, Hund oder Katze, die nur Liebhaberzwecken dienen.

II. § 833 S. 2

Aufbauschema: § 833 S. 2

I. Voraussetzungen (haftungsbegründender Tatbestand)

1. **Rechts(gut)verletzung**
2. **durch ein Tier**
   a) Kausalität i.S.d. Äquivalenztheorie
   b) Realisierung der typischen Tiergefahr
3. **Anspruchsgegner = Tierhalter**
4. **Verschulden wird vermutet**

II. Rechtsfolge (haftungsausfüllender Tatbestand)

Ersatz des durch die Rechts(gut)verletzung zurechenbar verursachten Schadens

Für ein **Nutztier** besteht eine **Verschuldenshaftung**, wobei das Verschulden vermutet wird und der Tierhalter sich exkulpieren kann.

Ein Nutztier ist ein Haustier, das dem Beruf, der Erwerbstätigkeit oder dem Unterhalt des Tierhalters zu dienen bestimmt ist.

Wenn es sich bei dem Tier um ein Nutztier handelt, haftet der Tierhalter gemäß § 833 S. 2 für vermutetes eigenes Verschulden.

Nutztiere sind Haustiere, die dem Beruf, der Erwerbstätigkeit oder dem Haushalt des Tierhalters zu dienen bestimmt sind.

Beispiel: Schlachttiere auf einem Bauernhof, Blindenhunde

! *Die Abgrenzung zwischen Luxustier und Nutztier erfolgt nach der allgemeinen Zweckbestimmung und nicht nach der konkreten Verwendung im Moment des schädigenden Ereignisses.*

III. § 834

Aufbauschema: § 834
I. Voraussetzungen (haftungsbegründender Tatbestand)
1. Rechts(gut)verletzung
2. durch ein Tier
a) Kausalität i.S.d. Äquivalenztheorie
b) Realisierung der typischen Tiergefahr
3. Anspruchsgegner = Tieraufseher
4. Verschulden wird vermutet
II. Rechtsfolge (haftungsausfüllender Tatbestand)
Ersatz des durch die Rechts(gut)verletzung zurechenbar verursachten Schadens

Der Tieraufseher (= Tierhüter) unterliegt gemäß § 834 unabhängig von der Art des Tieres einer Haftung für vermutetes Verschulden.

Tieraufseher ist gemäß § 834 S. 1 derjenige, der die Aufsicht über ein Tier durch Vertrag übernimmt. Übernahme der Aufsichtsführung bedeutet Übertragung der selbstständigen allgemeinen Gewalt und Aufsicht über das Tier, die aber noch keine Haltereigenschaft begründen darf. Tierhüter ist folglich nur, wer ein gewisses Maß an selbstständiger Gewalt über das Tier innehat.

Tierhüter ist nur, wer eine dem Tierhalter angenäherte Stellung einnimmt.

Beispiele: Hirte, Viehtreiber, Transportbegleiter

5. Abschnitt: Mehrheit von Schädigern

Sind mehrere Personen an einer deliktischen Handlung als Schädiger beteiligt, dann ergeben sich für den Geschädigten oftmals Beweisschwierigkeiten: Es ist für ihn bei mehreren Beteiligten schwierig nachzuweisen, wer überhaupt welche Handlung vorgenommen hat (Tatbeitrag) und wessen Handlung konkret zu welcher Verletzung geführt hat (Kausalität).

Der Gesetzgeber hat diese Problematik erkannt und daher dem Betroffenen in § 830 für drei Fallkonstellationen eine erleichterte Inanspruchnahme mehrerer Schädiger ermöglicht:

- Mittäter, § 830 Abs. 1 S. 1
- Teilnehmer, § 830 Abs. 2
- Beteiligung, § 830 Abs. 1 S. 2

A. Mittäter, § 830 Abs. 1 S. 1, und Teilnehmer, § 830 Abs. 2

Aufbauschema: § 830 Abs. 1 S. 1, Abs. 2

I. **Voraussetzungen** (haftungsbegründender Tatbestand)

1. **Mitwirkung an einer unerlaubten Handlung als Mittäter, Anstifter oder Gehilfe**
   - **Mittäterschaft** erfordert bewusstes und gewolltes Zusammenwirken mehrerer zur Herbeiführung eines Erfolges, vgl. § 25 StGB
   - **Anstifter** ist, wer vorsätzlich in einem anderen den Tatentschluss zu einer vorsätzlichen unerlaubten Handlung hervorruft, vgl. § 26 StGB
   - **Gehilfe** ist, wer ohne eigenen Täterwillen dem Täter in irgendeiner Form bei einer vorsätzlichen unerlaubten Handlung vorsätzlich Hilfe leistet, vgl. § 27 StGB
2. **Rechtswidrigkeit**
3. **Verschulden**
   - erforderlich ist Vorsatz
   - bei Anstiftung und Beihilfe ist doppelter Vorsatz erforderlich

II. **Rechtsfolge** (haftungsausfüllender Tatbestand)

Ersatz des durch die Rechts(gut)verletzung zurechenbar verursachten Schadens

§ 830 Abs. 1 S. 1, Abs. 2 enthält eine Sonderregelung bzgl. des Kausalitätsnachweises: Bei gemeinschaftlicher Begehung einer unerlaubten Handlung als Mittäter, Anstifter oder Gehilfe müssen sich die Mittäter oder Teilnehmer die von dem anderen Mittäter oder Haupttäter verursachte Rechts(gut)verletzung als eigene Verletzungshandlung zurechnen lassen.

Für eine Haftung aus § 830 Abs. 1 S. 1, Abs. 2 müssen folgende **Voraussetzungen** (haftungsbegründender Tatbestand) erfüllt sein:

I. Mitwirkung an unerlaubter Handlung als Mittäter, Anstifter oder Gehilfe

Die Definition der Begriffe Mittäter und Teilnehmer richtet sich bei § 830 nach den strafrechtlichen Grundsätzen (vgl. §§ 25 Abs. 2, 26, 27 StGB):

Es gelten die strafrechtlichen Definitionen für Mittäterschaft und Teilnahme!

- Mittäterschaft erfordert daher ein bewusstes und gewolltes Zusammenwirken mehrerer zur Herbeiführung eines Erfolges.
- Anstifter ist, wer vorsätzlich in einem anderen den Tatentschluss zu einer vorsätzlichen unerlaubten Handlung hervorruft.
- Gehilfe ist, wer ohne eigenen Täterwillen dem Täter in irgendeiner Form bei einer vorsätzlichen unerlaubten Handlung vorsätzlich Hilfe leistet.

II. Rechtswidrigkeit

Die Rechtswidrigkeit ist durch die Mitwirkung an der unerlaubten Handlung indiziert und entfällt nur, wenn Rechtfertigungsgründe eingreifen.

III. Verschulden

Die Rechts(gut)verletzung muss schuldhaft erfolgt sein.

Erforderlich ist, dass der Einzelne, der als Mittäter oder Teilnehmer in Anspruch genommen wird, bzgl. der Rechts(gut)verletzung vorsätzlich gehandelt hat. Der Vorsatz muss sich jedoch nicht auf einen möglichen Folgeschaden beziehen.

Beispiel: A und B sind Fans des BVB-Dortmund. Ihr Arbeitskollege F ist glühender Schalke 04-Anhänger und daher ihr erklärter „Feind". Nachdem sich A und B nach der letzten Niederlage „ihres" BVB gegen Schalke seitens des F über mehrere Wochen Sticheleien anhören mussten, beschlossen sie, F eine Lektion zu erteilen: Als F mit seinem Auto vom Firmenparkplatz fuhr, bewarfen A und B die Heckscheibe mit Steinen, die sie vorher liebevoll schwarz-gelb angemalt hatten. Einer der Steine durchbrach die Scheibe. Es lässt sich nicht aufklären, wer den entscheidenden Stein geworfen hat.

A und B haften gegenüber F gemäß § 830 Abs. 1 S. 1 auf Ersatz für die zerstörte Scheibe. Die beiden haben eine unerlaubte Handlung gemeinschaftlich begangen. Zwar lässt sich nicht aufklären, wer den entscheidenden Stein geworfen hat, jedoch haben A und B bei dem Steinewerfen bewusst und gewollt zusammengewirkt, also als Mittäter gehandelt und bei Mittäterschaft werden die Tatbeiträge der anderen Mittäter jedem Beteiligten zugerechnet, unabhängig davon, ob und wieviel der Tatbeitrag des jeweiligen Mittäters zur Schadensentstehung beigetragen hat. Daher ist es unerheblich, dass sich nicht aufklären lässt, wer von den beiden den entscheidenden Stein geworfen hat.
A und B haften gegenüber F gemäß § 840 Abs. 1 als Gesamtschuldner. D.h., F kann jeden der beiden in voller Höhe in Anspruch nehmen, er erhält insgesamt aber nur einmal Ersatz für die zerstörte Scheibe, vgl. §§ 421 ff.

Sind für den aus einer unerlaubten Handlung entstandenen Schaden mehrere nebeneinander verantwortlich, so haften sie gemäß § 840 Abs. 1 kraft Gesetzes als Gesamtschuldner.

B. Beteiligung, § 830 Abs. 1 S. 2

Aufbauschema: § 830 Abs. 1 S. 2

I. Voraussetzungen (haftungsbegründender Tatbestand)

1. **Kein Fall von § 830 Abs. 1 S. 1, Abs. 2**

   ⇨ § 830 Abs. 1 S. 2 ist insoweit subsidiär

2. **Bei jedem Beteiligten ist anspruchsbegründendes Verhalten gegeben, wenn man von der Kausalität absieht**
   - jeder Beteiligte ist bei unterstellter Kausalität ersatzpflichtig
   - Rspr. und h.M. verlangen Beteiligung an einem sachlich, räumlich und zeitlich einheitlichen Vorgang

3. **Einer der Beteiligten muss die Rechts(gut)verletzung bzw. den Schaden verursacht haben**
   - § 830 Abs. 1 S. 2 liegt nicht vor, wenn die Rechts(gut)-verletzung bzw. der Schaden u.U. vom Geschädigten selbst verursacht worden ist

4. **Es ist nicht feststellbar, wer von den mehreren Beteiligten die Rechts(gut)verletzung bzw. den Schaden verursacht hat**
   - § 830 Abs. 1 S. 2 greift nicht ein, wenn einer der Beteiligten erwiesenermaßen haftet

II. Rechtsfolge (haftungsausfüllender Tatbestand)

Ersatz des durch die Rechts(gut)verletzung zurechenbar verursachten Schadens

Gemäß § 830 Abs. 1 S. 2 ist jeder der Beteiligten für den Schaden verantwortlich, wenn sich mehrere an einer unerlaubten Handlung beteiligen und nicht festgestellt werden kann, wer von den mehreren Beteiligten die Rechts(gut)verletzung bzw. den Schaden durch seine Handlung verursacht hat.

§ 830 Abs. 1 S. 2 ist nach h.M. eine **eigenständige Anspruchsgrundlage**, die dem Geschädigten das Beweisrisiko für die Kausalität abnimmt.

Für eine Haftung aus § 830 Abs. 1 S. 2 müssen folgende **Voraussetzungen** (haftungsbegründender Tatbestand) erfüllt sein:

I. Kein Fall von § 830 Abs. 1 S. 1, Abs. 2

Es darf kein Fall der Mittäterschaft oder Teilnahme gemäß § 830 Abs. 1 S. 1, Abs. 2 gegeben sein, da die Rechts(gut)verletzung bzw. der Schaden dann unabhängig vom individuellen Tatbeitrag zugerechnet wird, sodass sich für den Geschädigten keine Beweisschwierigkeiten bzgl. der Kausalität ergeben.

II. Bei jedem Beteiligten ist anspruchsbegründendes Verhalten gegeben – abgesehen vom Nachweis der Kausalität

Wenn man die Kausalität unterstellt, muss das Verhalten jedes Beteiligten eine unerlaubte Handlung darstellen, d.h., die Handlung des Einzelnen muss geeignet gewesen sein, den schädigenden Erfolg tatbestandsmäßig, rechtswidrig und schuldhaft herbeizuführen.

§ 830 Abs. 1 S. 2 hilft nur bei Kausalitätszweifeln, alle anderen Voraussetzungen einer unerlaubten Handlung müssen nachweisbar vorliegen.

Beispiel: A und B verletzen C, der A aus Spaß, der B aus Notwehr. Es lässt sich nicht aufklären, wer dem C die Verletzung zugefügt hat.

A und B haften nicht gemäß § 830 Abs. 1 S. 2, da für den Fall, dass B dem C die Verletzung zugefügt hat, aufgrund der Rechtfertigung des B wegen Notwehr keine unerlaubte Handlung gegeben ist.

Beachte: *Rspr. und h.M. verlangen ferner die Beteiligung an einem sachlich, räumlich und zeitlich einheitlichen Vorgang.* !

III. Einer der Beteiligten muss die Rechts(gut)verletzung bzw. den Schaden verursacht haben

Die Rechts(gut)verletzung bzw. der Schaden muss mit Sicherheit durch einen oder durch alle Beteiligten verursacht worden sein. D.h., dass § 830 Abs. 1 S. 2 mangels Schutzbedürftigkeit des Betroffenen nicht eingreift, wenn es möglich ist, dass die Rechts(gut)verletzung bzw. der Schaden evtl. allein durch den Geschädigten selbst verursacht worden ist.

IV. Es ist nicht feststellbar, wer von den mehreren die Rechts(gut)verletzung bzw. den Schaden verursacht hat

Hat einer der Beteiligten erwiesenermaßen die Rechts(gut)verletzung bzw. den Schaden durch seine Handlung verursacht, besteht ebenfalls kein Raum für die Anwendung des § 830 Abs. 1 S. 2, da für den Geschädigten dann gerade keine Beweisschwierigkeit bzgl. der Kausalität vorliegt, vor der er durch § 830 Abs. 1 S. 2 geschützt werden soll.

1. Wer ist Verrichtungsgehilfe i.S.v. § 831?	**1.** Verrichtungsgehilfe ist derjenige, der mit Wissen und Wollen des Geschäftsherrn in dessen Interesse und Pflichtenkreis tätig wird und von dessen Weisungen abhängig ist.
2. Wann handelt der Verrichtungsgehilfe in Ausführung der Verrichtung?	**2.** Zwischen der aufgetragenen Verrichtung und der Schadenszufügung muss ein innerer Zusammenhang bestehen, d.h., sie darf nicht bloß bei Gelegenheit erfolgt sein. Dabei ist nicht erforderlich, dass gerade die Handlung, die den Schaden verursacht hat, dem Verrichtungsgehilfen aufgetragen war; es genügt, dass die schädigende Handlung in den Kreis der Maßnahmen fällt, welche die Ausführung der Verrichtung darstellen.
3. Was wird bei § 831 vermutet?	**3.** Der Gesetzgeber stellt in § 831 Abs. 1 S. 2 die Vermutung auf, dass der Geschäftsherr den Verrichtungsgehilfen nicht richtig ausgewählt und/oder überwacht hat (Verschuldensvermutung) und dass dieser Fehler für den Schadenseintritt ursächlich war (Kausalitätsvermutung).
4. Was versteht man unter dem dezentralisierten Entlastungsbeweis?	**4.** In Großbetrieben kann sich der Unternehmer nicht für jeden einzelnen Arbeitnehmer exkulpieren, da er sie gar nicht im Einzelnen kennt, sondern deren Einstellung und Überwachung anderen Personen übertragen hat. In diesem Fall ist es ausreichend, dass der Geschäftsherr nachweist, dass er den zwischengeschalteten Angestellten sorgfältig ausgesucht und dessen Tätigkeitskreis überwacht hat.
5. Haften Eltern für ihre Kinder?	**5.** Eltern haften gemäß § 832 nur für Schäden, die ihre Kinder einem Dritten widerrechtlich zugefügt haben, wenn sie ihre Aufsichtspflicht schuldhaft verletzt haben. Dies wird zwar zum Schutze des Dritten vermutet, die Eltern können sich jedoch entlasten.
6. Was ist eine Gefährdungshaftung?	**6.** Von einer Gefährdungshaftung spricht man, wenn die Haftung nicht von einem rechtswidrigen und schuldhaften Verhalten des Schädigers abhängig ist, sondern an die Verantwortung für bestimmte spezifische Gefahrenquellen anknüpft.
7. Gibt es im BGB eine Gefährdungshaftung?	**7.** Die Haftung des Tierhalters für Schädigungen Dritter durch ein Luxustier gemäß § 833 S. 1 ist der einzige Gefährdungshaftungstatbestand, der im BGB geregelt ist.

6. Abschnitt: Produkt- und Produzentenhaftung

A. Produzentenhaftung nach § 823 Abs. 1

Wer seine allgemeine Verkehrssicherungspflicht verletzt und dadurch die deliktisch geschützten Rechte oder Rechtsgüter eines Dritten beeinträchtigt, ist dem Geschädigten gemäß § 823 Abs. 1 zum Schadensersatz verpflichtet (s.o.). Ein spezieller Fall der Haftung für die Verletzung von Verkehrssicherungspflichten ist die von der Rspr. zum Schutze des Verbrauchers entwickelte Produzentenhaftung:

I. Spezielle Verkehrssicherungspflichten des Herstellers

Hersteller sind:
- Industrielle Hersteller
- Inhaber von Klein- und Familienbetrieben
- Mitarbeiter des Herstellers in herausgehobener und verantwortlicher Stellung

Die Rspr. hat zum einen für den Hersteller eines Produkts spezielle Verkehrssicherungspflichten aufgestellt:

- **Konstruktionspflicht:** Der Hersteller muss bei der Konstruktion des Produkts alle technisch möglichen und zumutbaren Sicherheitsvorkehrungen treffen, die man zur Gefahrvermeidung berechtigterweise erwarten darf.

  Beispiel für einen Konstruktionsfehler: In eine Reinigungsanlage werden ungeeignete Schwimmschalter eingebaut, deren Versagen einen Brand verursacht. (s.o. Beispiel zum weiterfressenden Mangel)

  !

  Beachte: *Ein Konstruktionsfehler ist nicht auf Einzelstücke einer Produktion beschränkt, sondern erfasst die gesamte Serie.*

  Maßgeblich für den Umfang der Konstruktionspflicht ist der zum Zeitpunkt der Inverkehrgabe des Produkts erkennbare Stand von Wissenschaft und Technik. Infolgedessen liegt kein Konstruktionsfehler vor, wenn sich nach Inverkehrbringen des Produkts infolge einer Weiterentwicklung des Standes von Wissenschaft und Technik zeigt, dass die Konstruktion des Produkts Gefahren mit sich bringt (sog. Entwicklungsrisiken).

  !

  Klausurtipp: *Informiert der Produzent in diesem Fall die Kunden nicht über die nunmehr festgestellten Risiken, kommt allerdings eine Haftung aus § 823 Abs. 1 wegen Verletzung der Produktbeobachtungspflicht in Betracht (s.u.).*

- **Fabrikationspflicht:** Der Hersteller muss bei der Herstellung des Produkts alle nach dem jeweiligen Stand der Wissenschaft und Technik möglichen und zumutbaren Sicherheitsvorkehrungen treffen, damit kein mangelhaftes Produkt in den Verkehr gelangt. Dabei gilt im Hinblick auf den Umfang der Fabrikationspflicht: Je größer die Gefahr, desto höher sind die Anforderungen an die Absicherung der Gefahrenquelle.

Beispiel für einen Fabrikationsfehler: Ein Hühnerimpfstoff wird beim Abfüllvorgang verunreinigt.

Beachte: *Ein Fabrikationsfehler betrifft in der Regel einzelne Exemplare einer Serie, z.B. wegen Fehlverhaltens eines Arbeitnehmers, oder auch mehrere Stücke der Produktion, z.B. bei Fehlfunktion einer Maschine über mehrere Stunden.* !

- **Instruktionspflicht:** Der Hersteller muss den Verbraucher über die fachgerechte Verwendung des Produkts ausreichend informieren und ihn auf mögliche Gefahren hinweisen. Dabei muss der Hersteller den Verbraucher auch auf Gefahren hinweisen, die bei einem naheliegenden Fehlgebrauch des Produkts entstehen; allerdings muss der Hersteller nicht vor Gefahren warnen, die allgemein bekannt sind.

Beispiel für einen Instruktionsfehler: Der Hersteller gezuckerten Kindertees weist die Verbraucher nicht darauf hin, dass „Dauernuckeln" der Kinder mit diesem Getränk Karies verursachen kann.

Beachte: *Gelangt das Produkt nach den berechtigten Erwartungen des Herstellers nur in die Hände von Personen, die mit den Gefahren vertraut sind, besteht bzgl. dieser Gefahren keine Instruktionspflicht.* !

- **Produktbeobachtungspflicht:** Der Hersteller muss auch nach Auslieferung der Ware sein Produkt beobachten und einschreiten, wenn sich Mängel oder Risiken zeigen. Dabei trifft ihn – je nach Größe der Gefahr – unter Umständen sogar eine Rückholpflicht.

Beispiel für einen Produktbeobachtungsfehler: Der Hersteller von Pflegebetten warnt den Rechtsverkehr nicht, obwohl mittlerweile erkannt wurde, dass die Gefahr besteht, dass die Benutzer dieser Betten sich bei dem Gebrauch erheblich verletzen können.

II. Modifizierung der allgemeinen Beweislastregeln

Grundsätzlich gilt für die Verteilung der Beweislast die allgemeine Regel, dass jeder die Darlegungs- und Beweislast dafür trägt, dass der Tatbestand der für ihn günstigen Rechtsnorm erfüllt ist. D.h., der Anspruchsteller trägt die Beweislast für die anspruchsbegründenden Tatsachen (Ebene: „Anspruch entstanden") und der Anspruchsgegner für die Untergangsgründe und Einreden (Ebene:

Teilweise bestimmt das Gesetz die Beweislast:
- § 280 Abs. 1 S. 2
- § 619 a
- § 22 AGG

„Anspruch untergegangen" bzw. „Anspruch durchsetzbar"). Folglich muss der Geschädigte sämtliche haftungsbegründenden Voraussetzungen des § 823 Abs. 1 darlegen und beweisen.

D.h., dass der Geschädigte, der den Hersteller wegen Verletzung herstellerspezifischer Verkehrssicherungspflichten in Anspruch nehmen will, nach der allgemeinen Beweislastregel u.a. nachweisen muss, dass der Hersteller seine Verkehrssicherungspflicht schuldhaft verletzt hat. Der Geschädigte hat jedoch das Problem, dass er den Organisations- und Verantwortungsbereich des Produktherstellers nicht überschauen kann und es daher schwierig für ihn ist, nachzuweisen, dass der Produzent seinen Pflichten nicht Genüge getan hat.

Um dem Geschädigten die Inanspruchnahme des Herstellers zu erleichtern, hat die Rspr. daher im Rahmen der Produzentenhaftung die allgemeinen Beweislastregeln modifiziert:

- Bei **Konstruktions- und Fabrikationsfehlern** – also bei Fehlern, bei denen die Pflichtverletzung im unternehmensinternen Bereich geschieht – wird die Beweislast bzgl. der objektiven Verletzung der Verkehrssicherungspflicht und bzgl. des Verschuldens umgekehrt. D.h., der Schädiger muss nachweisen, dass kein objektiver Verstoß gegen die Verkehrssicherungspflicht und kein Verschulden gegeben ist.
- Bei **Instruktions- und Produktbeobachtungsfehlern** ist die Pflichtverletzung des Herstellers für den Geschädigten leichter nachweisbar, da sie sich außerhalb des unternehmensinternen Bereichs abspielt. Daher besteht bei diesen Fehlern nur eine Beweislastumkehr bzgl. des Verschuldens.

III. Konsequenzen für die Prüfung

Aufbauschema: Produzentenhaftung nach § 823 Abs. 1

I. Voraussetzungen (haftungsbegründender Tatbestand)

1. Tatbestand

a) Rechts(gut)verletzung

b) durch ein Verhalten, das dem Anspruchsgegner zuzurechnen ist

aa) Anspruchsgegner = Hersteller

bb) Verletzung einer herstellerspezifischen VSP

- Konstruktionsfehler
- Fabrikationsfehler
- Instruktionsfehler
- Produktbeobachtungsfehler

cc) Kausalität, Zurechnung

2. Rechtswidrigkeit

3. Verschulden

II. Rechtsfolge (haftungsausfüllender Tatbestand)

Ersatz des durch die Rechts(gut)verletzung zurechenbar verursachten Schadens

B. Die Haftung nach dem Produkthaftungsgesetz

Aufbauschema: § 1 Abs. 1 ProdHaftG

I. Voraussetzungen (haftungsbegründender Tatbestand)

1. Anwendbarkeit gemäß § 16 i.V.m. § 19 ProdHaftG

2. Rechts(gut)verletzung i.S.d. § 1 Abs. 1 ProdHaftG

3. Verursacht durch Fehler eines Produkts, §§ 2, 3 ProdHaftG

4. Anspruchsgegner = Hersteller i.S.v. § 4 ProdHaftG

5. kein Haftungsausschluss gemäß § 1 Abs. 2, 3 ProdHaftG

II. Rechtsfolge (haftungsausfüllender Tatbestand)

Ersatz des durch die Rechts(gut)verletzung zurechenbar verursachten Schadens

1. Ermittlung des zurechenbaren Schadens

2. Schadensausgleich, §§ 7 ff. ProdHaftG i.V.m. §§ 249 ff.

3. Mitverschulden des Geschädigten, § 6 ProdHaftG i.V.m. § 254

Das Produkthaftungsgesetz schafft eine verschuldensunabhängige Gefährdungshaftung des Herstellers für fehlerhafte Produkte.

I. Voraussetzungen

1. Anwendbarkeit

Das Produkthaftungsgesetz ist gemäß § 16 i.V.m. § 19 ProdHaftG nur anwendbar auf Produkte, die seit dem 01.01.1990 in den Verkehr gebracht worden sind.

2. Rechts(gut)verletzung

Die Einschränkung bei der Sachbeschädigung erklärt sich aus dem Ziel des ProdHaftG, das den privaten Endverbraucher vor Folgeschäden fehlerhafter Produkte schützen will.

Gemäß § 1 Abs. 1 S. 1 ProdHaftG werden das Leben, der Körper, die Gesundheit sowie Sachen geschützt. Im Fall der Sachbeschädigung muss jedoch eine andere Sache als das fehlerhafte Produkt beschädigt worden sein und die andere Sache muss ihrer Art nach gewöhnlich für den privaten Ge- oder Verbrauch bestimmt und hierzu vom Geschädigten hauptsächlich verwendet worden sein, § 1 Abs. 1 S. 2 ProdHaftG.

3. Durch den Fehler eines Produkts

Die Rechts(gut)verletzung muss durch den Fehler eines Produkts verursacht worden sein.

- Gemäß § 2 ProdHaftG sind Produkte alle beweglichen Sachen unabhängig von ihrem Aggregatzustand und ihrer Verarbeitung.
- Das Produkt weist einen Fehler i.S.v. § 3 ProdHaftG auf, wenn es zur Zeit des Inverkehrbringens nicht die Sicherheit bietet, die man berechtigterweise erwarten kann.

!

Beachte: *Da für die Frage, ob ein Produktfehler i.S.v. § 2 ProdHaftG gegeben ist, ausschließlich der Zeitpunkt des Inverkehrbringens des Produkts maßgeblich ist, haftet der Produzent nach dem ProdHaftG nur für Konstruktions-, Fabrikations- und Instruktionsfehler, aber nicht für die erst nachträglich eintretenden Produktbeobachtungsfehler. Diesbzgl. bestimmt sich die Haftung nach § 823 Abs. 1.*

4. Anspruchsgegner = Hersteller i.S.v. § 4 ProdHaftG

Hersteller i.S.v. § 4 ProdHaftG ist derjenige, der das Endprodukt, einen Grundstoff oder ein Teilprodukt hergestellt hat. Als Hersteller gilt auch der sog. Quasi-Hersteller, der sich durch das Anbringen seines Namens, seines Warenzeichens, etc. als Hersteller ausgibt, vgl. § 4 Abs. 1 S. 2 ProdHaftG. Ferner gilt der Importeur gemäß § 4 Abs. 2 ProdHaftG als Hersteller und subsidiär auch der Lieferant, vgl. § 4 Abs. 3 ProdHaftG.

5. Kein Ausschluss gemäß § 1 Abs. 2, 3 ProdHaftG

Es dürfen keine Ausschlussgründe gemäß § 1 Abs. 2, 3 ProdHaftG vorliegen. Ein weitergehender Haftungsausschluss ist unwirksam, § 14 ProdHaftG.

Die Beweislast für die Ausschlussgründe trägt der Hersteller, § 1 Abs. 4 ProdHaftG.

II. Rechtsfolge

Der Hersteller muss dem Geschädigten den durch Rechts(gut)verletzung zurechenbar verursachten Schaden ersetzen.

Nach § 7 Abs. 3 ProdHaftG gibt es für Angehörige bei Unfällen mit Todesfolge, die nach dem 22.07.2017 geschehen sind, eine angemessene Entschädigung in Geld.

- Bei Personenschäden hat der Hersteller jeden durch den Produktfehler verursachten Schaden bis zu einem Haftungshöchstbetrag von 85 Mio. € zu ersetzen, §§ 8–10 ProdHaftG.
- Bei Sachschäden trägt der Geschädigte bis 500 € den Schaden selbst, erst darüber hinaus kann er den Hersteller in Anspruch nehmen, § 11 ProdHaftG.

Die Haftung gemäß § 1 Abs. 1 S. 1 ProdHaftG lässt die Haftung aufgrund anderer Vorschriften unberührt, vgl. § 15 Abs. 2 ProdHaftG, sodass bei Verschulden des Herstellers auch eine Haftung aus § 823 Abs. 1 gegeben ist.

Beispiel: Als K mit seinem neuen Mountainbike eine Abfahrt unternimmt, reißen beim Bremsen beide Bremszüge, da sie einen Materialfehler aufweisen. Durch den Sturz wird der Fahrradhelm des K (Wert 100 €) zerstört. Kann K den Fahrradhersteller F wegen des zerstörten Helms in Anspruch nehmen?

K kann von F keinen Ersatz für den zerstörten Helm gemäß § 1 Abs. 1 S. 1 ProdHaftG verlangen: Zwar liegt eine Sachbeschädigung i.S.v. § 1 Abs. 1 S. 2 ProdHaftG vor, die durch den Fehler eines Produkts des Endherstellers F verursacht wurde, aber der entstandene Schaden beträgt nur 100 €, sodass er gemäß § 11 ProdHaftG von K selbst zu tragen ist.

K kann jedoch von F gemäß § 823 Abs. 1 Ersatz für den zerstörten Helm i.H.v. 100 € verlangen: Hersteller F hat durch Verwendung von Bremszügen mit Materialfehlern seine Fabrikationspflicht verletzt und durch diesen Fehler wurde das Eigentum des K rechtswidrig beeinträchtigt. Das Verschulden des F wird nach der von der Rspr. vorgenommenen Beweislastumkehr vermutet und F hat nicht nachgewiesen, dass ihn kein Verschulden trifft. Als Rechtsfolge muss F dem K den durch die Eigentumsverletzung verursachten Schaden uneingeschränkt ersetzen.

7. Abschnitt: Haftung nach StVG

Aufbauschema: §§ 7, 18 StVG

I. Voraussetzungen (haftungsbegründender Tatbestand)

§ 7 Abs. 1 StVG	**§ 18 Abs. 1 StVG**
1. Rechts(gut)verletzung	
2. bei Betrieb des Kfz **a)** Kausalität i.S.d. Äquivalenztheorie **b)** Realisierung der Betriebsgefahr	
3. Anspruchsgegner = Halter Halter: wer Kfz in eigener Regie und für eigene Rechnung nutzt	**3. Anspruchsgegner = Fahrer**
4. keine höhere Gewalt gemäß § 7 Abs. 2 StVG	**4. Verschulden wird vermutet**
5. kein Ausschluss gemäß §§ 7 Abs. 3, 8, 8 a StVG	

II. Rechtsfolge (haftungsausfüllender Tatbestand)

Ersatz des durch die Rechts(gut)verletzung zurechenbar verursachten Schadens

1. Schadensersatz gemäß §§ 10 ff. StVG; Höchstsumme, vgl. § 12 StVG

2. Schmerzensgeld gemäß § 11 S. 2 StVG

3. Mitverschulden, § 17 Abs. 2 StVG, § 9 StVG i.V.m. § 254

Der Gesetzgeber hat im StVG die Haftung des Kfz-Halters gemäß § 7 Abs. 1 StVG als Gefährdungshaftung und die Haftung des Kfz-

Fahrers gemäß § 18 Abs. 1 StVG als Haftung für vermutetes Verschulden ausgestaltet.

Gemäß § 16 StVG werden andere Ansprüche durch die Haftung nach dem StVG nicht berührt, sodass auch Ansprüche gemäß §§ 823 ff. daneben gegeben sein können.

A. Halterhaftung, § 7 Abs. 1 StVG

I. Voraussetzungen

1. Rechts(gut)verletzung

Geschützt werden das Leben, der Körper, die Gesundheit sowie Sachen.

2. Bei Betrieb des Kfz

Die Rechts(gut)verletzung muss bei Betrieb des Kfz geschehen sein.

Gemäß § 1 Abs. 2 StVG gelten als Kfz i.S.d. StVG alle Landfahrzeuge, die durch Maschinenkraft bewegt werden, ohne an Bahngleise gebunden zu sein.

a) Kausalität i.S.d. Äquivalenztheorie

Die Tatbestandsvoraussetzung „bei Betrieb des Kfz" erfordert zunächst, dass die Rechts(gut)verletzung durch den Betrieb des Kfz äquivalent kausal verursacht worden ist.

b) Realisierung der Betriebsgefahr

Ferner muss überprüft werden, ob sich die Betriebsgefahr des Kfz bei der Rechts(gut)verletzung realisiert hat. Dabei ist umstritten, wann sich die Betriebsgefahr eines Kfz realisiert:

- Nach der heute herrschenden **verkehrstechnischen Auffassung** realisiert sich die Betriebsgefahr, wenn sich das Kfz im öffentlichen Verkehrsraum oder auf privatem Gelände bewegt oder in verkehrsbeeinflussender Weise ruht.
- Nach der (engeren) **maschinentechnischen Auffassung** realisiert sich die Betriebsgefahr nur, solange der Motor das Kfz oder eine seiner Betriebseinrichtungen bewegt.

Diese Voraussetzung erklärt sich aus der Rechtsnatur des § 7 Abs. 1 StVG: Bei Gefährdungshaftungstatbeständen wird keine Einschränkung nach der Adäquanztheorie gemacht, sondern es muss anstelle dessen geprüft werden, ob sich die typische Gefahr, deretwegen die Norm geschaffen wurde, realisiert hat.

Beispiel: A ist mit seinem Kfz auf der Autobahn liegen geblieben. Er hat das Auto auf dem Standstreifen abgestellt und wartet hinter der Leitplanke auf den Abschleppdienst. Lkw-Fahrer L fährt auf den Wagen des A auf. Hat sich bei dem Unfall die Betriebsgefahr des Kfz des A realisiert?

Nach der maschinentechnischen Auffassung hat sich bei dem Unfall nicht die Betriebsgefahr des Kfz des A realisiert, da der Pkw zu diesem Zeitpunkt stand und daher nicht durch Motorkraft bewegt worden ist. Demgegenüber hat sich nach der verkehrstechnischen Ansicht die Betriebsgefahr des Kfz des A realisiert, da sich der Wagen zum Unfallzeitpunkt noch innerhalb des öffentlichen Straßenverkehrs befunden hat und daher in verkehrsbeeinflussender Weise ruhte.

3. Anspruchsgegner = Halter

Halter ist derjenige, der das Kfz für eigene Rechnung in Gebrauch hat und die Verfügungsgewalt darüber besitzt.

Beispiel: Die Eheleute M und F haben sich gemeinsam ein Auto angeschafft, das jeder von ihnen benutzt. Die Kosten werden vom gemeinsamen Konto abgebucht.

Da jeder Ehegatte das Kfz gebraucht und sie die Kosten gemeinsam tragen, sind beide Ehepartner Halter i.S.v. § 7 Abs. 1 StVG.

4. Keine höhere Gewalt, § 7 Abs. 2 StVG

Gemäß § 7 Abs. 2 StVG ist die Ersatzpflicht ausgeschlossen, wenn der Unfall durch höhere Gewalt verursacht worden ist.

Nach der Rspr. liegt höhere Gewalt vor, wenn der Unfall auf einem betriebsfremden, von außen durch elementare Naturkräfte oder durch Handlungen dritter Personen herbeigeführten Ereignis beruht, das nach menschlicher Einsicht und Erfahrung unvorhersehbar ist, mit wirtschaftlich erträglichen Mitteln auch durch die äußerste nach der Sachlage vernünftigerweise zu erwartende Sorgfalt nicht verhütet werden oder unschädlich gemacht werden kann und auch nicht wegen seiner Häufigkeit in Kauf zu nehmen ist.

Beispiele: Unvorhersehbare Naturereignisse wie Lawinen oder Erdbeben

5. Kein Ausschluss oder Einschränkung

Gemäß § 7 Abs. 3 S. 1 StVG ist die Ersatzpflicht des Halters bei Schwarzfahrten, die er nicht schuldhaft ermöglicht hat, ausgeschlossen. In diesem Fall haftet der Schwarzfahrer anstelle des Halters. Weitere Ausschlussgründe sind in § 8 StVG enthalten.

Grundsätzlich kann die Haftung auch vertraglich ausgeschlossen werden: Gemäß § 8 a StVG ist ein vertraglicher Haftungsausschluss jedoch nicht möglich bei entgeltlicher, geschäftsmäßiger Personenbeförderung.

Der Anspruch erlischt, wenn der Geschädigte nicht innerhalb von zwei Monaten nach Kenntnis vom Schaden und der Person des Schädigers den Unfall dem Ersatzpflichtigen anzeigt, vgl. § 15 StVG.

II. Rechtsfolge

Der Halter muss dem Geschädigten den durch die Rechts(gut)verletzung zurechenbar verursachten Schaden ersetzen. Dabei sind neben den §§ 249 ff. die Modifizierungen der §§ 10–13 StVG zu beachten. Insbesondere hat der Gesetzgeber in §§ 12, 12 a StVG Haftungshöchstbeträge aufgestellt.

Nach § 10 Abs. 3 StVG gibt es für Angehörige bei Unfällen mit Todesfolge, die nach dem 22.07.2017 geschehen sind, eine angemessene Entschädigung in Geld.

Bei Mitverschulden des Geschädigten greifen die Sonderregeln der § 17 Abs. 2 StVG und § 9 StVG ein:

- Wenn sowohl der Anspruchsteller als auch der Anspruchsgegner Halter oder Fahrer eines Kfz ist, erfolgt die Kürzung gemäß § 17 Abs. 2 StVG.

  !

  Beachte: *Die Ausgleichspflicht ist allerdings ausgeschlossen, wenn der Unfall durch ein unabwendbares Ereignis verursacht worden ist, vgl. § 17 Abs. 3 StVG. Unabwendbar ist ein Ereignis, das auch durch äußerst mögliche Sorgfalt nicht abgewendet werden kann. Maßgeblich ist dabei nach der Rspr. das Verhalten eines sog.* ***Idealfahrers****.*

- Wenn der Anspruchsteller nicht Halter oder Fahrer eines Kfz ist, sondern z.B. Fußgänger oder Radfahrer – erfolgt die Kürzung gemäß § 9 StVG i.V.m. § 254.

B. Haftung des Kfz-Führers, § 18 Abs. 1 StVG

Gemäß § 18 Abs. 1 StVG haftet in den Fällen des § 7 Abs. 1 StVG auch der Kfz-Führer. D.h., die Haftung nach § 18 Abs. 1 StVG erfordert auch eine Rechts(gut)verletzung i.S.v. § 7 Abs. 1 StVG, die bei Betrieb des Kfz geschehen ist.

Anspruchsgegner ist in diesem Fall jedoch der Fahrer des Kfz und da § 18 Abs. 1 StVG eine Haftung für vermutetes Verschulden des Fahrers ist, kann sich dieser exkulpieren, indem er nachweist, dass

Ist der Fahrer gleichzeitig der Halter, haftet er also evtl. aus § 7 und § 18 StVG.

ihn kein Verschulden trifft, da er die gewöhnliche, verkehrserforderliche Sorgfalt angewendet hat.

! ***Beachte:*** *Da der Fahrer sich der Haftung aus § 18 Abs. 1 StVG bereits durch Widerlegung der Verschuldensvermutung entziehen kann, gilt der Ausschlussgrund der höheren Gewalt gemäß § 7 Abs. 2 StVG im Rahmen des § 18 Abs. 1 StVG nicht.*

! ***Beachte:*** *Seit 20.07.2020 ist die Haftung bei Unfällen mit Anhängern und Gespannen in §§ 19, 19 a StVG geregelt!*

1. Für welche speziellen Verkehrssicherungspflichtverletzungen kann der Hersteller eines Produkts haften?

1. Der Produzent haftet für Fabrikationsfehler (mangelhafte Einzelexemplare eines Produkttyps), Konstruktionsfehler (unzureichende Entwicklung und Konstruktion), Instruktionsfehler (unvollständige Gebrauchsanweisungen, Warnungen, Montageanleitungen), Produktbeobachtungsfehler (unzureichende Beobachtung des Produkts bzgl. noch nicht bekannter schädlicher Eigenschaften).

2. Wodurch unterscheiden sich Konstruktions- und Fabrikationsfehler?

2. Konstruktionsfehler haften der gesamten Produktserie an, während Fabrikationsfehler in der Regel nur einzelne Exemplare oder eine Reihe von Produkten betreffen.

3. Inwiefern hat die Rspr. die allgemeinen Beweislastregeln bei der Produzentenhaftung modifiziert?

3. Bei Fabrikations- und Konstruktionsfehlern muss der Schädiger nachweisen, dass kein objektiver Verstoß gegen die Verkehrssicherungspflicht und kein Verschulden gegeben ist; bei Instruktions- und Produktbeobachtungsfehlern besteht eine Beweislastumkehr nur bzgl. des Verschuldens. Da Konstruktions- und Fabrikationsfehler sich nur im unternehmensinternen Bereich abspielen, braucht der Geschädigte Hilfestellung beim Nachweis der Pflichtverletzung.

4. Haftet der Hersteller eines Produkts auch nach dem ProdHaftG für Produktbeobachtungsfehler?

4. Da es für die Beurteilung eines Produktfehlers i.S.v. § 2 ProdHaftG ausschließlich auf den Zeitpunkt des Inverkehrbringens des Produkts ankommt, haftet der Produzent nach dem ProdHaftG nicht für die erst nachträglich eintretenden Produktbeobachtungsfehler.

5. Wodurch unterscheidet sich die Haftung nach § 7 Abs. 1 StVG von der Haftung nach § 18 Abs. 1 StVG?

5. § 7 StVG ist eine Gefährdungshaftung, sodass es nicht auf ein Verschulden ankommt, während § 18 StVG eine Haftung für vermutetes Verschulden ist. Anspruchsgegner ist bei § 7 StVG der Halter, während bei § 18 StVG der Fahrer haftet. (Fährt der Halter selbst, haftet er evtl. aus § 7 und § 18 StVG.) Die Haftung nach § 7 Abs. 1 StVG ist bei höherer Gewalt gemäß § 7 Abs. 2 StVG ausgeschlossen; demgegenüber wird dieser Ausschlussgrund bei § 18 StVG nicht geprüft, da der Fahrer sich der Haftung bereits durch Widerlegung der Verschuldensvermutung entziehen kann.

8. Abschnitt: Schadensrecht

Aufbauschema: Haftungsausfüllender Tatbestand

I. Ermittlung des zurechenbaren Schadens

1. Schaden ist nach der Differenzhypothese zu ermitteln

***tatsächliche Lage**, die durch das schädigende Ereignis geschaffen wurde*	Differenz = Schaden	***hypothetische Lage**, die bestehen würde, wenn das schädigende Ereignis hinweggedacht wird*

2. Kausalität und Zurechnung

a) Äquivalenz

b) Adäquanz

c) Schutzzweck der Norm

II. Schadensausgleich gemäß §§ 249 ff.

1. Grundsatz: Naturalrestitution gemäß § 249 – Schutz des Integritätsinteresses

§ 249 Abs. 1	Wahlrecht	***§ 249 Abs. 2***
Herstellung in Natur durch Schädiger		*Zahlung der Herstellungskosten durch Schädiger bei Personen- oder Sachschäden*
wenn nach Fristsetzung nicht erfolgt: Ausschluss des § 249 Abs. 1 und Zahlung der Herstellungskosten durch Schädiger, § 250		*grundsätzlich Dispositionsfreiheit des Geschädigten, ob er Geld tatsächlich zur Herstellung verwendet*

ist Naturalrestitution **unmöglich**, § 251 Abs. 1 Alt. 1, **ungenügend**, § 251 Abs. 1 Alt. 2, oder **unverhältnismäßig**, § 251 Abs. 2

⇨ *Ausschluss der Naturalrestitution*

2. Ausnahme: Schadenskompensation – Schutz des Wertinteresses

- Entschädigung in Geld gemäß §§ 251, 252
- wegen § 253 Abs. 1 aber nur für Vermögensschäden!

III. Mitverschulden

- evtl. Kürzung oder Ausschluss des Anspruchs wegen Mitverschuldens des Geschädigten gemäß § 254
- Voraussetzung ist Verschuldensfähigkeit analog §§ 827, 828
- Mitverschulden Dritter kann gemäß § 254 Abs. 2 S. 2 berücksichtigt werden.

Der haftungsbegründende Tatbestand enthält die Voraussetzungen, die vorliegen müssen, damit eine Schadensersatzpflicht besteht. Ist dieser verwirklicht, so ist als Rechtsfolge der durch das schadensbegründende Ereignis verursachte Schaden zu ersetzen. Die einzelnen Merkmale, die die Rechtsfolge ausfüllen – z.B. Schaden und Art des Ausgleichs – bilden den sog. **haftungsausfüllenden Tatbestand:**

A. Schaden

Nach dem sog. natürlichen Schadensbegriff versteht man unter einem Schaden jede unfreiwillige Einbuße an rechtlich geschützten Gütern.

Ob überhaupt ein Schaden vorliegt, wird nach der sog. **Differenzhypothese** ermittelt: Die tatsächliche Lage, die durch das schädigende Ereignis geschaffen wurde, wird mit der hypothetischen Lage, die ohne das schädigenden Ereignis bestehen würde, verglichen und die dabei auftretende Differenz ist der Schaden.

Welches Ereignis dabei hinwegzudenken ist, ergibt sich aus dem Schutzzweck der anspruchsbegründenden Norm.

Beispiel: A hat dem B bei einer Schlägerei das Nasenbein gebrochen. B hat sich die Nase vom Arzt richten lassen und musste dafür 75 € zahlen.

A hat durch sein Verhalten dem B rechtswidrig und schuldhaft eine Körper- und Gesundheitsverletzung zugefügt und damit den haftungsbegründenden Tatbestand des § 823 Abs. 1 verwirklicht. Als Rechtsfolge muss A dem B den durch die Rechtsgutverletzung zurechenbar verursachten Schaden ersetzen. Wegen des von A zugefügten Nasenbeinbruches musste B die Nase vom Arzt richten lassen und dafür 75 € zahlen. Ohne die von A zugefügte Körper- und Gesundheitsverletzung wäre die ärztliche Behandlung nicht notwendig gewesen und B hätte keine 75 € zahlen müssen. Folglich ergibt sich nach der Differenzhypothese ein Schaden des B i.H.v. 75 €, den A zu ersetzen hat.

B. Haftungsausfüllende Kausalität

Es ist nur derjenige Schaden vom Schädiger zu ersetzen, der durch das von ihm verwirklichte schadensbegründende Ereignis entstanden ist. Daher ist auf der Rechtsfolgenseite erneut ein Kausalzusammenhang zu prüfen: Erforderlich ist ein Ursachenzusammenhang zwischen dem Haftungsgrund (z.B. der Rechts(gut)- oder Schutzgesetzverletzung) und dem entstandenen Schaden, sog. haftungsausfüllende Kausalität.

!

Unterscheide: *Im haftungsbegründenden Tatbestand wird der Kausalzusammenhang zwischen dem Verhalten des Schädigers und dem eingetretenen Verletzungserfolg geprüft, sog. haftungsbegründende Kausalität. Im haftungsausfüllenden Tatbestand wird der Kausalzu-*

sammenhang zwischen dem Haftungsgrund und dem entstandenen Schaden geprüft, sog. haftungsausfüllende Kausalität.

Die Prüfung der haftungsausfüllenden Kausalität erfolgt nach denselben Kriterien wie bei der haftungsbegründenden Kausalität: Äquivalenz, Adäquanz, Schutzzweck der Norm (s.o.).

C. Schadensausgleich gemäß §§ 249 ff.

Die §§ 249 ff. sind keine eigenständigen Anspruchsgrundlagen, sondern ergänzen die jeweiligen Anspruchsgrundlagen, die eine Verpflichtung zum Schadensersatz enthalten.

§§ 249 ff. regeln, auf welche Art und Weise der Schaden auszugleichen ist. Der Gesetzgeber unterscheidet zwei Arten des Schadensersatzes: die Naturalrestitution, § 249, und die Schadenskompensation, § 251.

- Die **Naturalrestitution** ist darauf gerichtet, den tatsächlichen Zustand herzustellen, der wirtschaftlich gesehen der Lage ohne das Schadensereignis entspricht (Schutz des **Integritätsinteresses**).
- Bei der **Schadenskompensation** soll eine durch das Schadensereignis eingetretene Einbuße am Vermögen ausgeglichen (kompensiert) werden (Schutz des **Wertinteresses**).

Daher spricht man auch vom Grundsatz der Naturalrestitution.

Die beiden Arten des Schadensersatzes sind nicht gleichrangig, sondern die **Naturalrestitution** hat den **Vorrang**. Dies ergibt sich aus der Regelung des § 251, die bestimmt, dass die Schadenskompensation nur eingreift, wenn die Naturalrestitution nicht möglich, nicht genügend oder unverhältnismäßig ist.

I. Naturalrestitution gemäß § 249

In § 249 sind zwei Arten der Naturalrestitution geregelt, zwischen denen der Geschädigte die Wahl hat:

- Nach § 249 Abs. 1 muss der Schädiger selbst den Zustand herstellen, der ohne das schädigende Ereignis bestünde;

  Beispiel: A hat die Uhr des B beschädigt. B kann von A verlangen, dass dieser die Uhr entweder selbst repariert oder reparieren lässt.

- bei Personen- oder Sachschäden kann der Geschädigte gemäß § 249 Abs. 2 statt der Herstellung vom Schädiger den für die Herstellung erforderlichen Geldbetrag verlangen (Ersetzungsbefugnis);

  Beispiel: A hat die Uhr des B beschädigt. B kann von A verlangen, dass dieser ihm die Kosten für die Reparatur der Uhr ersetzt.

B hat also die Wahl: Er kann nach § 249 Abs. 1 verlangen, dass sich A um die Reparatur der Uhr kümmert, er kann aber gemäß § 249 Abs. 2 auch verlangen, dass ihm A die Reparaturkosten ersetzt.

Der Gesetzgeber hat die Ersetzungsbefugnis für den Geschädigten in § 249 Abs. 2 geregelt, um den Betroffenen davor zu schützen, dass er dem Schädiger das verletzte Recht(sgut) noch einmal anvertrauen muss.

Beispiel: A hat B mit dem Fahrrad angefahren und ihm dadurch das Bein gebrochen.
Könnte B nur Schadensersatz in der Form des § 249 Abs. 1 verlangen, müsste entweder A selbst den Beinbruch des B heilen oder A müsste einen Arzt auswählen, der sich um die Heilung des B kümmert. Beide Alternativen dürften nicht im Interesse des Geschädigten B sein. Gerade im Fall der Körper- und Gesundheitsverletzung möchte der Betroffene selbst die Entscheidung darüber treffen, wer seine Gesundheit wiederherstellt. Um diesem Bedürfnis Rechnung zu tragen, gibt es die Regelung des § 249 Abs. 2: B geht zum Arzt seiner Wahl und A muss ihm die entstandenen Arztkosten ersetzen.

Bei dem nach § 249 Abs. 2 zu ersetzenden Betrag muss es sich im Fall der Sachbeschädigung nicht immer um Reparaturkosten handeln. Nach st.Rspr. kann der Geschädigte gemäß § 249 Abs. 2 S. 1 auch den Betrag vom Schädiger ersetzt verlangen, der für die Beschaffung einer gleichwertigen Ersatzsache erforderlich ist, da die Naturalrestitution nicht auf die Wiederherstellung der beschädigten Sache beschränkt sei, sondern es um die Herstellung des Zustands gehe, der wirtschaftlich gesehen ohne das schädigende Ereignis bestehe.

Die Umsatzsteuer kann der Geschädigte bei einer Sachbeschädigung nur dann als Herstellungskosten ersetzt verlangen, wenn und soweit sie tatsächlich angefallen ist, vgl. § 249 Abs. 2 S. 2.

Beispiel: A hat die Uhr des B beschädigt. B kann von A den Betrag für eine gleichwertige Uhr verlangen.

Infolgedessen kann der Geschädigte bei der Beschädigung einer Sache seine Ersetzungsbefugnis nach § 249 Abs. 2 auf zwei verschiedene Arten ausüben:

- Er kann entweder auf der Basis der Reparaturkosten abrechnen oder
- den Wiederbeschaffungsaufwand für die Beschaffung einer gleichwertigen Ersatzsache verlangen.

Da der Geschädigte gemäß § 249 Abs. 2 S. 1 nur den für die Herstellung „erforderlichen" Geldbetrag verlangen kann, muss er bei unterschiedlicher Höhe von Reparatur- und Wiederbeschaffungskosten diejenige Form der Naturalrestitution wählen, die den geringeren Aufwand erfordert **(Wirtschaftlichkeitspostulat)**.

Bzgl. der vom Schädiger gemäß § 249 Abs. 2 gezahlten Herstellungskosten besteht seitens des Geschädigten grundsätzlich Dispositionsfreiheit, d.h., er kann frei darüber entscheiden, ob er das Geld tatsächlich für die Wiederherstellung verwendet oder nicht.

Beispiel: A hat den B angefahren und dabei dessen Fahrrad beschädigt. Die Reparatur des schon alten Fahrrads würde 150 € kosten, während ein vergleichbares Fahrrad für 50 € zu bekommen ist.

Zwar hat der Geschädigte B grundsätzlich die Wahl, wie er seine Ersetzungsbefugnis nach § 249 Abs. 2 ausübt. Jedoch ist die Abrechnung auf Reparaturkostenbasis in diesem Fall erheblich teurer als die Ersatzbeschaffung, sodass B gegen das Wirtschaftlichkeitspostulat verstoßen würde, wenn er Ersatz der Reparaturkosten verlangt. Folglich kann B von A lediglich den Wiederbeschaffungswert i.H.v. 50 € ersetzt verlangen.

II. Schadenskompensation

Wenn der Schadensausgleich im Wege der Schadenskompensation gemäß § 251 erfolgt, erhält der Geschädigte lediglich eine Entschädigung in Geld für die eingetretene Vermögensminderung (Wertinteresse). Die Schadenskompensation ist jedoch nur in den drei in § 251 genannten Fällen einschlägig:

Da Schadenskompensation nur auf Wertausgleich für den Vermögensverlust gerichtet ist, setzt sie einen Vermögensschaden voraus.

- Die Naturalrestitution ist **unmöglich**, § 251 Abs. 1 Alt. 1.

  Beispiel: A zerstört bei einem Besuch im Hause des B eine wertvolle Vase, die der verstorbene Künstler nur einmal hergestellt hatte.

- Die Naturalrestitution ist **ungenügend**, § 251 Abs. 1 Alt. 2. Das ist der Fall, wenn auch nach der Wiederherstellung ein in Natur nicht behebbarer Schadensrest verbleibt.

  Beispiel: A ist B in dessen Auto gefahren. Der unmittelbare Unfallschaden kann durch eine Reparatur behoben werden, aber auch der reparierte Pkw hat noch den „Makel des Unfallwagens", aufgrund dessen B bei einer Weiterveräußerung des Kfz einen geringeren Erlös erzielen wird, sog. merkantiler Minderwert. Insoweit ist die Naturalrestitution, die durch die Reparatur erfolgt ist, ungenügend, sodass B der merkantile Minderwert gemäß § 251 Abs. 1 Alt. 2 ersetzt wird.

- Die Naturalrestitution ist **unverhältnismäßig**, § 251 Abs. 2.

  Beispiel: A beschädigt ein Bild des B, das dieser von seinem Vater geerbt hat und an dem B daher sehr hängt. B hat das Bild, das vor der Beschädigung einen Wert von 100 € hatte, von einem Restaurator für 1.000 € wieder instand setzen lassen.

  Die Wiederherstellungskosten übersteigen den Wert des Bildes um das Zehnfache, sodass die Naturalrestitution unverhältnismäßig ist und B gemäß § 251 Abs. 2 nur Ersatz des Wertinteresses i.H.v. 100 € verlangen kann.

D. Anspruchskürzung wegen Mitverschuldens

Wenn der Anspruchsteller den Schaden schuldhaft mitverursacht hat, ist der Ersatzanspruch gemäß § 254 zu kürzen. Erforderlich ist, dass der Geschädigte in vorwerfbarer Weise bei der Schadensentstehung oder der Schadensentwicklung mitgewirkt hat.

Mitverschulden setzt keine Verletzung von Rechtspflichten voraus, sondern ist bereits dann anzunehmen, wenn jemand die Sorgfalt außer Acht lässt, die ein ordentlicher und verständiger Mensch zur Vermeidung eines eigenen Schadens anzuwenden pflegt.

§ 254 ist eine Ausprägung des in § 242 festgelegten Grundsatzes von Treu und Glauben: Wer diejenige Sorgfalt außer Acht lässt, die nach Lage der Dinge erforderlich erscheint, um sich selbst vor Schaden zu bewahren, muss auch den Verlust oder die Kürzung seiner Ansprüche hinnehmen, da es im Verhältnis zum Schädiger unbillig wäre, ihm trotz eigener Mitverantwortung vollen Schadensersatz zu gewähren.

Da Mitverschulden ein Verschulden gegen sich selbst ist, kann eine Kürzung gemäß § 254 nur bei Verschuldensfähigkeit des Geschädigten analog §§ 827, 828 vorgenommen werden.

Beispiel: Das 4-jährige Kind K läuft unvorsichtig auf den Radweg und wird dort von R angefahren und verletzt.

K hat seine Verletzung durch sein unvorsichtiges Verhalten mitverursacht. Eine Kürzung des Anspruchs wegen Mitverschuldens scheidet jedoch aus, da K analog § 828 Abs. 1 nicht mitverschuldensfähig ist.

§ 254 Abs. 2 S. 2 = § 254 Abs. 3

Das Verhalten Dritter kann im Rahmen des Mitverschuldens gemäß § 254 Abs. 2 S. 2 zulasten des Geschädigten berücksichtigt werden. Dabei wird § 254 Abs. 2 S. 2 unstreitig als Abs. 3 gelesen, d.h., dass er sich auch auf § 254 Abs. 1 bezieht.

!

Umstritten ist, ob es sich bei dem Verweis in § 254 Abs. 2 S. 2 um einen Rechtsgrund- oder Rechtsfolgenverweis handelt. Nach h.M. handelt es um einen Rechtsgrundverweis auf § 278, aber auch auf § 831 und § 31 (analog). D.h., eine Zurechnung über § 254 Abs. 2 S. 2 kann nur erfolgen, wenn die Voraussetzungen des § 278, des § 831 oder des § 31 (analog) gegeben sind. Dies wird damit begründet, dass das Verhalten von Hilfspersonen bei der Haftungsbeschränkung nicht anders behandelt werden dürfe als bei der Haftungsbegründung **(„Spiegelbildgedanke")**.

1. Wie erfolgt die Schadensermittlung?

1. Der Schaden wird nach der sog. Differenzhypothese ermittelt: Man vergleicht die tatsächliche Lage, die durch das schädigende Ereignis geschaffen wurde, mit der hypothetischen Lage, die ohne das schädigende Ereignis bestehen würde, und die dabei auftretende Differenz ist der Schaden.

2. Welches Interesse wird bei der Naturalrestitution ersetzt und wie ist das bei der Schadenskompensation?

2. Bei der Naturalrestitution wird das sog. „Integritätsinteresse" ersetzt, da es um die Wiederherstellung des ursprünglichen Zustands geht. Demgegenüber wird bei der Schadenskompensation nur das Wertinteresse ersetzt, da es um den Ausgleich der Vermögenseinbuße geht.

3. Hat der Geschädigte zwischen Naturalrestitution und Schadenskompensation die Wahl?

3. Die Naturalrestitution hat grundsätzlich Vorrang gegenüber der Schadenskompensation. Die Schadenskompensation ist nur einschlägig, wenn die Naturalrestitution nicht möglich, nicht genügend oder unverhältnismäßig ist, vgl. § 251.

4. Was ist der Sinn der Ersetzungsbefugnis des Geschädigten gemäß § 249 Abs. 2?

4. Der Gesetzgeber will den Betroffenen davor schützen, dass er dem Schädiger das verletzte Recht(sgut) (noch einmal) anvertrauen muss.

5. Was ist das Wirtschaftlichkeitspostulat?

5. Das Wirtschaftlichkeitspostulat ist in § 249 Abs. 2 S. 1 niedergelegt: Zwar hat der Geschädigte grundsätzlich die Wahl, wie er seine Ersetzungsbefugnis ausübt, aber er muss bei unterschiedlicher Höhe von Reparatur- und Wiederbeschaffungskosten diejenige Form der Naturalrestitution wählen, die den geringeren Aufwand erfordert.

6. Kann einem 13-jährigen Kind ein Mitverschuldensvorwurf gemacht werden?

6. Da Mitverschulden ein Verschulden gegen sich selbst ist, kann eine Kürzung gemäß § 254 nur bei Verschuldensfähigkeit des Geschädigten analog §§ 827, 828 vorgenommen werden. Bei einem 13-jährigen Kind wird gemäß § 828 Abs. 3 allerdings die Einsichtsfähigkeit und damit auch die Schuldfähigkeit vermutet. Daher kann dem 13-jährigen Kind ein Mitverschuldensvorwurf gemacht werden, es sei denn, das Kind kann nachweisen, dass es zur Zeit des schädigenden Ereignisses nicht einsichtsfähig war.

RÜ
Ihre Examensfälle von morgen
RechtsprechungsÜbersicht
RÜ
Ihre Examensfälle von morgen – schon heute in der RÜ!
Von erfahrenen Repetitoren ausgewählte Entscheidungen im Gutachtenstil gelöst. Genau so, wie Sie den Fall in Ihrer Examensklausur lösen müssen!
Probeheft bestellen unter: as.info@alpmann-schmidt.de